大樂文化

秒懂主力的反市場

K線實戰

**教你用 100 張技術圖表，
找出主力破綻、避開陷阱，實現股市致富**

25 年操盤常勝軍 麻道明◎著

CONTENTS

前言 透過 100 張圖學會「反市場」戰法，在牛市熊市都能賺！　　007

第1章　看穿主力「建立部位」的手段，避免陷入騙局　011

1-1 股價上漲的關鍵在主力炒作，建立部位有 3 個階段　012

1-2 【盤整】利用橫盤、跳躍震盪等，消磨持股者信心　017

1-3 【恐嚇】操作快速殺跌和持續盤跌，奪取低價籌碼　028

1-4 【引誘】用 2 個技巧逐步推高股價，讓散戶獲利了結　033

1-5 【破位】製造均線假突破等 6 種盤面，設下空頭陷阱　037

1-6 【壓力】除了前高假壓力的計謀，你還得注意什麼？　059

第2章　了解主力「建立部位」的實戰，穩穩存好股　071

2-1 主力藉由低位漲停與跌停的特徵，使出詭計快速吸籌　072

2-2 想知道主力何時下大單買賣，你要關注 2 種盤面現象　080

2-3 散戶如何跟莊？計算主力的持股量和成本，以及判斷……　093

第 **3** 章　識破主力「拉升」的 K 線圈套，抓準買賣點　*103*

3-1　股價拉升有 3 個基本規律：震盪式、波段式及直線式　*104*

3-2　【單日大陰線】反轉大陰線等 3 種圖形，是誘空詭計　*112*

3-3　【假 K 線組合】剖析烏雲蓋頂等組合，把握進出場時機　*117*

3-4　【假技術形態】出現雙重頂、頭肩頂……，可能是大陷阱　*128*

3-5　【假技術指標】如何辨識 KDJ、RSI、MACD 的假訊號？　*138*

3-6　【漲停開板】研判漲停板的股票時，應採取 8 種方法　*146*

第 **4** 章　掌握主力「拉升」的節奏，在主升段賺 **3** 倍 *151*

4-1 股價拉升的 5 個盤面節奏，包括氣勢、時間、角度…… *152*

4-2 散戶如何抓緊主升段行情？學會 2 個判斷和 1 個確保 *163*

第 **5** 章　洞悉主力「出貨」的技術陷阱，不再被坑殺 *171*

5-1 摸清出貨的 5 個階段，啟動正確的跟莊操作策略 *172*

5-2 【持續假拉高】拉出上漲大陽線……，讓跟風者被套牢 *180*

5-3 【假蓄勢整理】高位大陽線即將見頂，有 6 個盤面特徵 *185*

5-4 【假技術支撐】利用散戶對支撐位的信賴，暗中出貨 *187*

5-5 【壓力假突破】向上突破均線、前高等，發出做多訊號 *196*

5-6 【高位漲跌停】怎麼防範漲停、跌停背後的套牢伎倆？ *206*

5-7 【成交量陷阱】看見高位放量，得留意 2 種欺騙意圖 *212*

5-8 【護盤誘多】是否有主力在護盤？用 5 個方法來釐清 *218*

第6章 破解主力「出貨」的密碼，在高位兌現籌碼 *225*

6-1 主力運用尾盤跳水、大單托盤……，隱藏出貨蹤跡 *226*

6-2 散戶如何判斷股價是否見頂，瞄準高位最佳賣點？ *239*

後記 股市常勝軍的防身致勝術，幫助你順利跟莊暴賺 *247*

前言

透過 100 張圖學會「反市場」戰法，
在牛市熊市都能賺！

　　股市存在幕後主力是不爭的事實，特別是在投機氣氛濃厚的情況下，主力為了達到自己的目的，操盤手法更加多變、行跡更為隱蔽，導致盤面複雜、走勢迷茫。

　　主力如同變色龍，善於變化和偽裝，在股市中編織著一個個巨大陷阱，讓廣大的散戶不由自主地往裡面鑽。

　　就股市圖表訊號而言，有許多若隱若現的技術陷阱，在起伏跌宕的行情中，引誘散戶蠢蠢欲動、貿然投入，進而捲走他們的錢財；或是令散戶望而生畏，斬斷持股出場，進而劫取他們的籌碼；或是故弄玄虛，製造撲朔迷離的市場假象。

主力的意圖和陷阱，不易看穿更難破解

　　從主力建立部位到出貨的整個做莊過程中，技術圖表會顯示主力意圖。大陰線與大陽線、黃金交叉與死亡交叉、盤前與盤後、掛單與撤單等等，都留下主力的痕跡，K線、指標、形態、趨勢、波浪等等，都藏著主力的企圖。

　　具體來說，建立部位時的利誘、恐嚇、折磨等騙籌伎倆，是意圖的展現。洗盤中的殺跌、破位、打壓等誘空氛圍，是意圖的反映。拉升中的反轉、對敲、題材、消息等拉高手法，是意圖的寫照。出貨中的假拉高、假突破、假訊號等誘人圖形，是意圖的裸露。此外，反彈時的刻意拉高、突然放量、快速衝高等虛假繁榮盤面，則是意圖的浮現。

　　面對主力的操盤，投資者經常感歎：「只緣身在股市中，不識主力真面目。」盤面一幅幅圖表形態，宛如五彩的水晶球，令散戶迷惑叢生、束手無

策，而這正是主力狡猾、奸詐、險惡的展現。很少人能看穿主力意圖，更幾乎沒有人能破解。

從全新視角，提供跟莊獲利的實戰方法

在布滿陷阱的股市中，善良的散戶該如何保護自己？

我認為，唯有看懂主力操盤的意圖，掌握能破解主力陷阱的方法，才能安全地與主力共舞，實現跟莊獲利，並暢遊股海。

因此，我根據股市的運行規律和現狀、主力的操盤意圖和脈絡、散戶的投資特點和習性，潛心研究、追蹤觀察當前股市中的主力行為，更進行實戰檢驗。

在這本《秒懂主力的反市場K線實戰》中，我依據自己多年親身經歷的做莊過程，披露主力的內幕、意圖及手段，讓散戶找到識破主力意圖的方法和技巧，走出技術謎團。

同時，還提供一些有益的建議，讓散戶在主力面前掌握一套股市防身致勝術，可以將計就計，讓主力「搬起石頭砸自己的腳」，鑽進自己設置的技術陷阱裡。

本書聚焦在建立部位、拉升、出貨，剖析主力常用的手段，講解盤中出現的假動作、假訊號、假圖表等等，揭露主力的操盤祕密，讓投資者了解主力的操盤底細。

而且，分析各個階段的盤面現象、技術特徵、量價關係等，使投資者透過觀察盤面走勢，洞悉主力意圖，識破操盤手法，進而判斷主力的下一步動作，例如：是吸貨、洗盤還是出貨？是反彈、反轉還是拉升？是白馬、黑馬還是病馬？主力成本是多少？是否有潛力？潛力有多大？這些都為投資者提供全新的視角與獨特的思考方式。

理論加上實例，再現股市規律與主力操盤

總之，這本書以「主力意圖」為中心，以「散戶跟莊」為重點。用理論為基礎，用事實為準繩，用實例為依據，客觀再現股市長年的運行規律，生

動反映主力做莊的全貌,深刻揭露做莊過程的祕密,為散戶提供一套認識主力、正視主力、揭露主力的技術。

　　不僅如此,書中內容對於研究股市現狀,辨析股海波動,思索股市未來走向,也具有深遠的意義。

　　無論各位是股市新手、資深股民、中小散戶,還是專業操盤手、專業股評人士,都歡迎翻閱本書、共同探討。

第 1 章

看穿主力
「建立部位」的手段，
避免陷入騙局

股價上漲的關鍵在主力炒作，建立部位有 3 個階段

主力建立部位需要一個過程，大致上分為3個階段：初倉階段（底倉）、主倉階段（集中建立部位）、加碼階段（再買進）。

階段 1：初倉階段

主力最初吸納或持有的籌碼，稱作初倉。在吸納初倉的整個過程，稱為初倉期或初倉階段。

形成初倉籌碼有3種可能：一是新資金進場，直接從市場吸納；二是前一輪行情的少量庫存；三是前面2種情況都有，既有新吸納的籌碼，也有過去的庫存。初倉籌碼的部位不大，一般占主力總持股的20%以下。

這個部位的成本價，有時遠高於主力平均持股成本價，有時遠低於主力平均持股成本價，有時則與主力平均持股成本接近。以下列舉3個例子說明。

（1）在下跌過程中，用於賣盤的籌碼，或者主力對股市判斷失誤，在尚未真正見底前吸納的籌碼，顯然高於主力平均持股成本價（如圖表1-1的A所示）。

（2）股價受到下跌慣性影響，出現急速下跌，然後快速回升，這時在低位轉捩點附近吸納的部分籌碼，往往低於主力平均持股成本價（如圖表1-1的B所示）。

（3）經過長期的熊市下跌後，股價跌無可跌，低位窄幅波動，這時吸納的籌碼與主力平均持股成本價相近（如圖表1-1中的C所示）。

圖表1-1	初倉示意圖

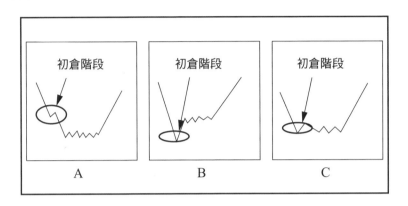

階段2：主倉階段

主力集中吸納的籌碼，稱作主倉。在整個建立部位的過程，稱為主倉期或主倉階段。主倉是主力建立部位的主體，直接關係到後續的拉升高度和獲利空間。

主倉籌碼基本反映整個建立部位階段的全貌，它是分析主力持股成本和數量的依據，以及反映建立部位的方式、時間和空間等，因此是做莊過程中的重中之重。

無論是理論研究還是實戰操作，大多都是以主倉籌碼作為技術分析、研判後市的重要依據。本書涉及的建立部位也是指主倉籌碼。

主倉部分所占的比重較大，一般占主力總持股量的60%～80%，有時甚至達到100%，也就是沒有初倉和加碼過程。主力速戰速決一次完成建立部位計畫，整個建立部位過程只有一個主倉部分，因此沒有主次之別。

由此可見，主力的籌碼構成有4種可能：由初倉和主倉構成；由主倉和加碼構成；由初倉、主倉及加碼構成；由主倉獨立構成。

主倉期是建立部位的主體部分，所需籌碼數量大，時間比初倉期和加碼期都長得多。一般短線主力需要5～30天，中線主力需要1～3個月，長線主力需要3個月以上，而且要悄悄進行。一旦被廣大散戶知悉，跟著主力在底

圖表1-2　主倉示意圖

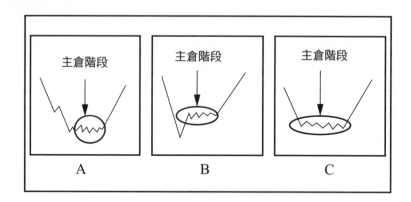

部搶籌，便會前功盡棄。

在實戰中，主力建立部位非常複雜，有時出現初倉量與主倉量接近，或是主倉量與加碼量接近的現象。從持股成本價來說，還會產生這4種情形：初倉成本高於主倉成本；初倉成本低於主倉成本；加碼成本高於主倉成本、加碼成本低於主倉成本。

無論哪種情形，在分析持股成本時，以兩者的均價為宜。當初倉量、主倉量及加碼量都較接近時，可以視為一個獨立的主倉建立部位過程。如圖表1-2所示。

這是主力集中吸納籌碼的階段，股價處於相對低位，主力在這個區域大規模收集低價籌碼。在這個階段完成建立部位的多寡，將直接影響主力未來拉升股價的能力。收集的籌碼越多，控盤程度越高，市場中的流通籌碼就越少，拉升時的賣壓就越輕，最後實現的利潤也就越大。

相反地，收集的籌碼越少，控盤程度越輕，市場中的流通籌碼就越多，拉升時的賣壓就越重，最後實現的利潤也就越小。這造成主力控盤的大小，與日後股票拉升時的累計漲幅成正比，也造成跟莊的散戶利用各種方法，挖掘具備「低位高控盤主力股」條件的個股。

圖表1-3　加碼示意圖

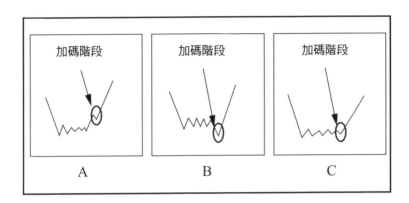

階段3：加碼階段

在主力完成主倉期後，有時可能還需要加碼，在加碼的整個過程，稱為加碼期或加碼階段。

加碼期的時間大多比主倉期和初倉期短，成交量出現時大時小的現象，而且可能發生在打壓過程中或是爬升過程中。這個部位視當時市場狀況而定，但一般占主力總持股量的20%以下。

這個部位的成本價與初倉相似，有時遠高於主力平均持股成本價，有時遠低於主力平均持股成本價，有時則與主力平均持股成本接近。以下列舉3個例子來說明。

（1）在完成主倉期後，股價向上爬高時出現洗盤整理，這時主力如果還沒達到計畫要求的持股量，就要在相對高位加碼，這部分籌碼會高於主力平均持股成本價（如圖表1-3的A所示）。

（2）股價受到消息影響或主力打壓，出現新的下跌走勢，這時主力在低位實施加碼計畫，這部分籌碼往往會低於主力平均持股成本價（如圖表1-3的B所示）。

（3）在長時間的底部過程中，股價在低位窄幅波動，此時完成最後加碼計畫的籌碼，與主力平均持股成本價相近（如圖表1-3的C所示）。

　　從上述初倉期、主倉期、加碼期這3個階段的建立部位過程，還可以引申出多種主力建立部位的形式。

　　分析和掌握主力建立部位的過程，對投資者跟莊很有幫助，可以讓投資者了解主力在什麼價位大規模建立部位、建立部位的成本，以及主力的持股數量等，進而決定自己的投資策略。

1-2 【盤整】利用橫盤、跳躍震盪等，消磨持股者信心

　　盤整建立部位可以分成3種，包括橫向盤整建立部位、跳躍震盪建立部位和上下夾板式建立部位，以下詳細介紹。

盤整建立部位1：橫向盤整

　　經過漫長的下跌調整後，股價到達一個底部區域，主力開始悄然介入建立部位，使股價逐漸止跌站穩，股價雖然沒有繼續下跌，但也沒有形成上升走勢，而是出現橫向震盪整理格局。

　　由於主力在這個區域調動資金收集籌碼，強大的買盤使股價表現得十分抗跌，圖形上形成一個明顯的平台整理區，但是股價方向不夠明確。

　　這種方式的持續時間通常為1、2個月或半年，甚至更長，期間股價起伏不大，盤面極度疲軟，成交量持續萎縮。如果單純長時間橫盤，會使市場中的賣盤迅速減少，容易出現沒人拋售的現象，這時只能採用震盪手法，繼續驅逐意志不堅定的投資者，於是成交量會出現略為活躍的跡象。

　　由於沒有大陽線或大陰線，不容易引起短線投資者的注意，使主力在橫盤中吸貨的意圖得到極好的隱蔽。主要的盤面特徵有以下4個。

　　（1）股價處於相對低位。所謂低位是指這檔股票經過長期下跌調整，通常見頂後跌幅在50%以上，有時候甚至超過70%。通常股價跌幅越大，下跌時間越長，見底站穩的可能性越大。

　　（2）盤整時間相對較長。一般情況下，中線主力的橫盤時間在1～2個月以上，有的長達半年甚至更長。通常，橫盤時間越長，散戶停損就越多，

很少散戶能忍受持股長時間紋絲不動。多數情況下，大家都喜歡停損去追隨強勢股，以期許獲得短期利潤，所以換股操作的想法越來越強烈，主力則恰好希望出現這種情況，就能悄悄接納廉價籌碼。

（3）**盤整期成交量低迷**。主力在橫盤吸貨時，基本上沒有明顯的放量過程，如果在某時段吸籌過快，容易導致股價出現波動，而且成交量一旦放大，容易引起市場關注。主力在沒有完成吸籌任務之前，不希望大家看好這檔股票，所以總是一點一點少量買進，盡量避開大家的關注。當然，偶爾會出現脈衝放量的情況，就是隔一段時間，出現1、2根小幅放量的中陽線。但事後股價不漲反跌，出乎人們意料，過幾天大家自然又忘記它了。

（4）**震盪幅度相對較窄**。一般來說，橫盤總是發生在較小的箱型中，這個箱型上下幅度不大，通常在20%以內。但是上下的價差，很長時間才能見到，短期內無利可圖，不會吸引短線跟風盤。在大部分時間裡，上下不超過10%，誰也沒興趣去做。主力連續吸籌一段時間後，股價上升一點，為了降低成本，一般會在3～5天的時間內，把股價打回原處，然後重新再來。不過，有的主力很狡猾，做出的箱型十分不規則，震盪的週期來回變化，振幅也不固定，有時根本觸碰不到箱型的上下邊緣。

這種盤面走勢的主力意圖是什麼？答案是以時間取勝。在長時間的橫盤過程中，折磨持股者的信心，拖垮持幣者的意志，讓持股者因為無利可圖又費時而出場，持幣者因為無錢可掙而不願進場，進而達到建立部位目的。

經過一段時間的橫盤震盪後，主力大約完成70%～80%的總建立部位計畫，距離整個建立部位計畫只差一點，再透過後面的加碼過程，完成整個建立部位計畫。這時盤面上可能出現以下3種走勢：

第1種走勢是主力在盤整中完成主倉期後，故意向下打壓股價製造空頭陷阱，在打壓過程中繼續逢低加碼，然後進入爬高階段。在這個過程中全部完成建立部位計畫，股價開始進入上漲行情。

見圖表1-4，二六三股價見頂後逐波走跌，經過最後的快速下跌後，股價漸漸站穩築底，這時主力悄悄進場逢低吸納籌碼，股價呈現橫向震盪走勢，持續時間較長。在這段時間裡，大盤處於上漲走勢中，該股卻絲毫沒有上漲跡象，一些前期被套牢的持股者經不住長時間的震盪折磨，選擇退出換

| 圖表1-4 | 二六三（002467）的盤面走勢圖 |

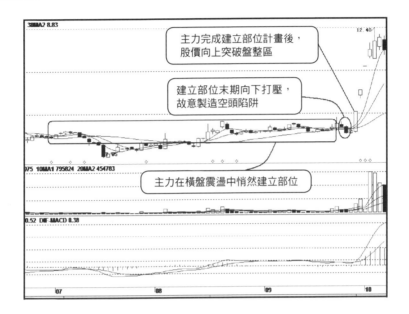

股操作，一些激進投資者則在被套牢後斬斷部位出場。

這時，持幣者一般不會選擇這樣的弱勢個股作為操作對象，一些搶反彈的投資者由於沒有出現持續上漲，而將籌碼還給主力，因此主力在橫盤中建立部位的效果非常好。

2017年9月26日，這支個股在建立部位末期製造一個空頭陷阱，主力採用向下打壓的手法，大幅壓低股價，擊穿30日均線的支撐，造成技術破位走勢，形成恐慌的盤面氣氛。這時又有一部分散戶拋售出場，而主力悉數吃進完成加碼計畫，可是股價沒有持續下跌，在第2天出現站穩的跡象。第3天，一根放量漲停大陽線拔地而起，股價向上突破底部盤區，展開一波快速上漲行情。

在實戰中，經常可以看見這種建立部位的手法，一些實力強大的長線主力大多採用這種手法。而且，這種方式通常出現在冷門股或大型股中，很少出現在股本小的小型股中。

在實戰操作中，投資者遇到這種橫盤建立部位時，可採取以下策略。

（1）已經介入的持股者不宜盲目殺跌，應學會與主力比耐心、比意志。其實，主力花費鉅資進場炒作，不會等待太長的時間。如果時間拖得過長，勢必會增加成本，這對主力來說不划算。因此，在主力建立部位後，股價上漲是遲早的事。

（2）持幣者不要急於參與，應保持觀望、等待時機。一旦時機成熟，就要立即行動，以80%左右的部位買進，波段滾動操作為佳。

（3）若是短線高手，找準中軸位置，將前期的高點與低點作為參考點高賣低買。建立部位階段的利潤目標不要過高，建議定在10%左右，部位控制在30%左右，一旦被套千萬不要再買進。

（4）若是戰略性投資者，不妨在低位跟隨主力逢低少量吸納。部位控制在15%以下，中線持有，與主力共舞，不為漲跌所動。

第2種走勢是主力直接將股價向上盤升，經過小幅爬高之後，出現洗盤整理。在洗盤過程中繼續吸貨，完成清洗浮動籌碼和加碼的目的之後，股價拉高進入主升段行情。

見圖表1-5，招商銀行身為大金融股，在2017年2月至4月這段時間，股價在一個平台區域運行，盤面波動幅度非常小，許多散戶對這種盤面不感興趣，而主力在這個期間大量吸納籌碼，成功完成主倉建立部位的計畫。

當建立部位接近尾聲時，主力沒有採取打壓手法，而是直接向上突破。5月12日，一根大陽線向上突破長期盤區，但股價沒有出現持續上漲行情，而是進入短暫的洗盤走勢，這也是突破後的正常回檔現象，這時主力繼續完成加碼計畫。然後股價逐波向上盤高，走出一輪盤升牛市行情，截至7月26日仍然運行於上升通道中，累計漲幅已經超過40%。

在這檔股票中，主力建立部位的意圖同樣是用長時間震盪整理來折磨散戶，不同之處是加碼期出現在股價拉高之後，讓散戶獲得小利出場，以此達到洗盤和加碼目的，實在一舉兩得。

有的散戶受到長時間被套牢後，對於虧損心有餘悸，害怕股價再次下跌，當股價停止上攻並出現震盪時，他們很容易做出減少部位或出場的決定。另外，多數散戶容易產生滿足感，特別是在低位介入的散戶，當股價停

圖表1-5	招商銀行（600036）的盤面走勢圖

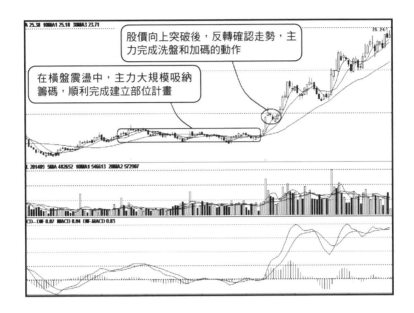

止爬高時，他們會迅速落袋為安，因此主力很容易拿到這部分籌碼。

　　在實戰操作中，主力完成建立部位計畫後，直接拉高的做法所占的比例也較大，特別是一些資金實力雄厚的主力，經常採用這種手法建立部位，短線主力或游資主力則很少採用這種方式，因為這類主力講求速度，不會在建立部位階段花費很長的時間。因此，投資者要適當了解並掌握主力的性質，才能清楚主力的個性，更好地與他共舞。

　　第3種走勢是主力在橫盤震盪過程中，順利完成主倉階段的建立部位計畫，甚至超過主倉建立部位計畫的要求。這時如果具備大盤環境，有可能直接進入主升段行情，這類主力的資金實力通常很強大，而且手法凶狠。

　　見下頁圖表1-6，上峰水泥完成一波反彈行情後，回落做橫向震盪整理，調整時間長達4個多月，股價波動幅度較窄，成交量萎縮，盤面上大多出現小陰小陽，或是帶較長上下影線的K線。在這段時間裡，散戶的操作難度非常大，經常會失去持股耐性，但主力耐心低吸籌碼，直到完成建立部位

圖表1-6　　上峰水泥（000672）的盤面走勢圖

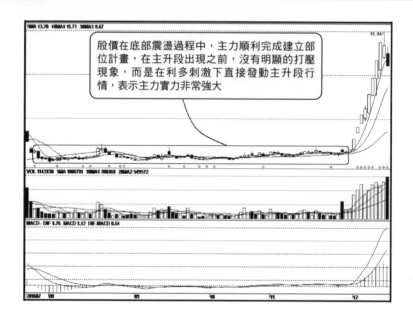

股價在底部震盪過程中，主力順利完成建立部位計畫，在主升段出現之前，沒有明顯的打壓現象，而是在利多刺激下直接發動主升段行情，表示主力實力非常強大

計畫。2016年12月1日股價一躍而起，直接進入主升段行情，一口氣將股價從7.38元拉高到15元上方，短期漲幅巨大。

在這檔股票裡，主力的意圖依靠時間來消磨散戶的意志和信心。在4個多月的時間裡，股價上不去也下不來，盤面不冷也不熱，成交量時大時小，但整體成交量呈現低迷狀態，多數技術指標進入盲區。散戶很難在這段時間獲利，因此產生強烈的換股欲望，最終拋下籌碼悻悻出場。主力則如願以償，將籌碼收於囊中，順利完成建立部位計畫。

在實戰操作中，投資者遇到這種橫盤建立部位時，可採取以下策略。

（1）前期套牢者堅決持股不動，等待解套或是獲利機會。

（2）場外持幣者密切關注，不急於參與，免得受到主力折磨，等待進場訊號。一旦突破盤整區，則立即買進。

（3）若是短線高手，將前期的高點與低點作為參考點高賣低買，利潤目標在10%左右，部位控制在30%左右，一旦股價向上突破就加碼操作。

　　（4）若是戰略性投資者，在橫盤期間少量吸貨，部位控制在15%以下。當股價向上突破後，部位可以加大到80%以上，並一路持有到賣出訊號出現時出場。

　　（5）橫盤時間越久，突破的威力越大，上漲幅度就越大，而且打破盤局後，若得到成交量的積極配合，上升力量強大，股價瘋狂上升的可能性會更大。

盤整建立部位 2：跳躍震盪

　　這種方式相對橫盤建立部位來說，其震盪幅度較大。主力的手法極為凶悍，盤面大起大落，股價快跌快漲，讓投資者真正領略到搭電梯的感覺，整體趨勢保持在一個橫向運行的過程中。

　　採用這種方式建立部位的主力，通常實力較強大，在很短的時間內把股價拉上去，當散戶暗中盤算利潤時，股價已經回落到原來的位置上，獲利的希望再次破滅。就這樣，主力反覆將股價快速拉高又快速打壓，拉高和打壓相互結合。很多散戶經不起這幾番折騰，最終選擇出場，把廉價籌碼送給主力。這種現象表示股性活躍，基本上運行在一個不規則的箱型中。

　　見下頁圖表1-7，京能置業在高位經過一段時間的橫盤震盪後，在2017年4月至5月出現2波明顯的殺跌走勢，股價向下擊穿前期盤區的支撐，造成恐慌氣氛，大量停損盤出場，主力則吃進散戶全部籌碼。

　　從5月15日開始，股價快速拉高，重返前期盤區，讓受到驚嚇的散戶出場。緊接著，股價在前期盤區附近上下震盪整理走勢，採用大起大落的跳躍式手法建立部位，成交量大幅放大，股價上竄下跳，盤面毫無軌跡可循，擾亂散戶的操作思維。當然，這時主力也在震盪中高賣低買做價差。當主力完成建立部位計畫後，股價於7月24日發力向上突破，預示個股將進入升勢行情中，不妨多加關注。

　　如果分析該股走勢圖，不難發現主力的建立部位意圖。在前期股價調整中，成交量出現持續萎縮狀態，表明下跌動能已經衰竭，這時主力進場悄然吸納部分籌碼。

　　這是建立部位計畫的初倉籌碼，主力持股比例不大，而且由於該股上市

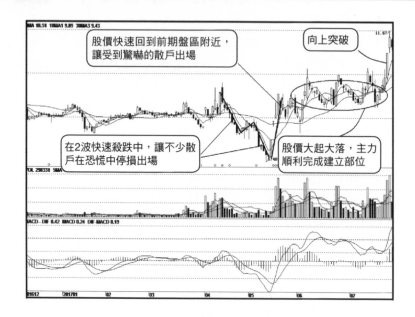

圖表1-7 京能置業（600791）的盤面走勢

股價快速回到前期盤區附近，讓受到驚嚇的散戶出場

向上突破

在2波快速殺跌中，讓不少散戶在恐慌中停損出場

股價大起大落，主力順利完成建立部位

後逐波走低，此時拋售籌碼的散戶已經寥寥可數，主力很難吸納到大量的低價籌碼。因此，主力特意製造盤面波動，形成上竄下跳走勢，股價快漲快跌，散戶無法掌握規律，難以獲利。在大幅震盪過程中，不少散戶被甩出去，主力獲得散戶手中的低價籌碼。

　　其實，有經驗的散戶會發現主力建立部位的舉動，其中一個重要的疑點是**量價失衡**。在這段時間裡成交量大幅放大，股價卻沒有形成明顯的漲幅，難道是對倒放量出貨嗎？顯然不是。再笨的主力也不會在低價位區放量對倒出貨，因此可以排除主力出貨的可能。

　　既然主力不是在出貨，那麼在低位持續放量而股價不漲就有蹊蹺，這是主力吸貨留下的蛛絲馬跡。而且，該股從形態上構成一個不規則的箱型，因此散戶可以在前期低點買進做多，當股價向上突破箱型上邊線時，可以將部位大膽加碼到80%以上。

　　見圖表1-8，同力水泥的主力在橫盤震盪中，已經吸納不少籌碼，但是

圖表1-8　同力水泥（000885）的盤面走勢圖

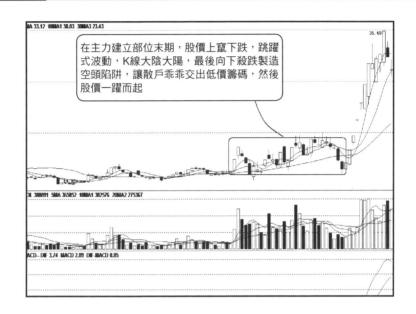

> 在主力建立部位末期，股價上竄下跌，跳躍式波動，K線大陰大陽，最後向下殺跌製造空頭陷阱，讓散戶乖乖交出低價籌碼，然後股價一躍而起

還沒達到主力所需的數量，於是展開大幅震盪走勢。在2016年12月6日至2017年1月17日這段行情中，股價上竄下跳，盤面劇烈波動，K線大陰大陽，把不少散戶驅趕出場，將加碼和洗盤融合在一起。在拉升之前，主力故意下殺製造一個空頭陷阱，趕走最後一批散戶後，股價快速大幅拉高。

　　這種建立部位手法通常有2種盤面走勢：一是在分時走勢中，盤中出現大起大落的現象，多數散戶經不起這種盤面波動而退出；二是在日K線組合中出現大陰大陽，讓許多技術高手找不出破綻。

盤整建立部位3：上下夾板式

　　這種方式的特點是，股價基本上運行在一個不規則的箱型中，盤面走勢與跳躍式建立部位相似，盤面特點為股價在箱型內上竄下跳，形成一個下有支撐、上有壓力的夾板。

　　主力在這個區域內高賣低買，既當買家又當賣家，價格下跌就低吸籌碼，價格上漲則用大單打下去。在分時圖上多為急跌後緩慢爬升，上升時成交量逐漸放大。主力時而用小陽線誘惑散戶，使其拋出籌碼，時而用開高走低的陰線，嚇唬散戶出場。這種現象通常有2種情況，以下分別介紹。

　　（1）壓頂式建立部位，也稱作壓盤式建立部位。主力將股價控制在某個價位以下低吸籌碼，當股價碰觸該價位時，便將股價打壓回落，在K線上往往形成長長的上影線。這被市場認為是上漲壓力大，股價難以突破，因此散戶紛紛將籌碼賣給主力。有時主力為了在目標價位掛出大筆賣單壓盤，任憑散戶在下方自由操作，以此獲得低價籌碼。

　　（2）保底式建立部位，也稱作護盤式建立部位。這種方式與壓頂式相反，當股價下跌到某價位後，主力先確定一個底價，然後在這個價位附近震盪，這是主力的基本成本區。若股價隨大盤上漲後再下跌，通常會在底價附近悉數吸納，這種方式通常會藉由延長時間來吸籌。

　　這2種方式是主力透過壓頂和保底的手法，將成本控制在一個理想範圍內，防止股價大幅波動，影響持股成本和建立部位計畫，這種走勢通常會藉助低迷的市場來實現建立部位計畫。同時，使股價在一個狹小的範圍內波動，大幅減少散戶的獲利空間和機會，並增加操作難度，很多散戶因此出場，主力進而完成建立部位計畫。

　　見圖表1-9，廈門國貿反彈結束後進入箱型整理，形成一個上有壓力、下有支撐的箱型整理形態。在長達9個多月的箱型震盪中，主力吸納大量低價籌碼，基本完成建立部位計畫。

　　在建立部位末期，主力故意將股價打壓到箱型的底邊線附近，盤面再次形成弱勢格局，但股價沒有擊穿箱型底邊線的支撐。經過上上下下的箱型運行之後，多數散戶已經沒有中長線持有的意願，短線高手可能在箱頂高賣出場，而新股民有可能賣在地板價上，主力則順利完成建立部位計畫。當主力完成建立部位計畫後，於2017年7月21日放量向上突破，股價出現快速拉升行情，短期漲幅較大。

　　從這支股票的走勢圖中可以看出，主力的建立部位意圖是在上有壓力、下有支撐的箱型中，透過壓頂和保底的手法完成主倉吸納計畫，這個過程是

圖表1-9　廈門國貿（600755）的盤面走勢圖

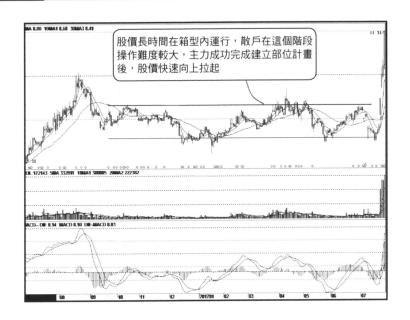

主力的建立部位主倉期。如果初倉籌碼和加碼籌碼數量相差不大，那麼箱型的中間價基本上就是主力的持股平均成本價，因此很好掌握這類主力的持股成本價，散戶知道主力的意圖後，接下來的操作便得心應手。

從技術面分析，股價在向下突破箱型的底邊線後，沒有出現持續的下跌走勢。這就有個矛盾：既然是向下突破，肯定要有一定的跌幅，出現該跌不跌，表明下跌動能不強，盤中籌碼已經鎖定，浮動籌碼很少，無量空跌走勢肯定是個空頭陷阱，所以股價很快止跌站穩，進入牛市上漲行情。

在實戰操作中，投資者遇到上下夾板式建立部位時，不要追漲殺跌。短線技術高手可以在箱型內高賣低買，也就是前期低點附近買進、高點附近出脫。一般散戶以不參與為宜，在股價有效突破箱頂後，可以加大部位進場。

【恐嚇】操作快速殺跌和持續盤跌，奪取低價籌碼

恐嚇建立部位可以分為2種：快速殺跌建立部位和持續盤跌建立部位。

恐嚇建立部位 1：快速殺跌

快速殺跌建立部位的手法凶猛，股價經常出現暴跌行情。

主力運用手中已有的初倉籌碼，向下不計成本大幅打壓股價，在日K線或分時走勢中出現斷崖式下跌。在日K線上股價持續下跌20%～30%的幅度後，股價才出現站穩整理或略微向上盤升，主力在過程中大規模建立部位，主倉期就出現在這個階段。在分時圖上，股價急跌之後再形成橫盤震盪，集中主要的成交量，主力透過這個平台吸納籌碼。

這種走勢使散戶產生極大的恐懼，爭先恐後紛紛出逃，而主力一一笑納籌碼。這種建立部位的方式，在大盤向下調整時，或是個股有較大利空出現時，效果更佳。但要求主力控籌程度高、實力強大，跌幅不要過大，時間也不要太久。

這麼做的原因有2個方面，一方面是過分打壓可能引發更多賣盤湧出，吃進的籌碼將比預期多更多，很難控制局面，一旦失控，滿盤皆輸。另一方面是實質性利多時，還會遭到其他對手搶貨，進而丟失低位籌碼。

這種建立部位手法的主力意圖是透過快速向下打壓股價，特別是大幅打壓或造成技術破位時，加重散戶的心理負擔直至崩潰，進而奪取散戶手中的低價籌碼。它的盤面特點有下跌速度快，以及瞬間跌幅大。

見圖表1-10，南寧百貨長期處於弱勢盤整中，成交量大幅萎縮，許多散

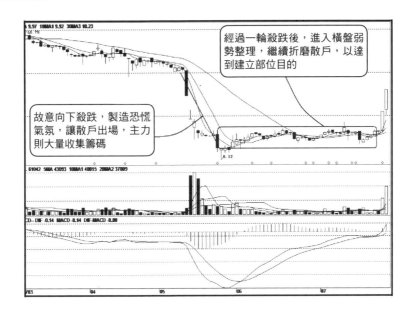

圖表1-10　南寧百貨（600712）的盤面走勢圖

戶不肯定出場，這時主力為了吸納更多籌碼，採用恐嚇手法，從2017年5月11日開始連續向下打壓，股價連續2天跌停，造成極大的恐慌氣氛。

　　不少散戶看到這個情形，擔心股價繼續下跌而紛紛賣出籌碼。然後，主力又將股價控制在低位進行橫向窄幅震盪，繼續折磨盤中散戶，時間持續一個多月，忍不住的散戶選擇出場換股操作，而主力在這個期間悄然大量收集散戶的籌碼。當主力順利完成建立部位計畫後，7月25日股價放量向上突破，成功脫離底部盤區，股價從此開啟上漲行情。

　　這支股票的走勢圖，明顯暴露出主力建立部位的意圖。首先，利用手中的初倉籌碼向下打壓股價，造成恐慌盤面，讓散戶在慌忙中出場。然後主力將股價壓低後，在低位呈現橫向窄幅震盪，再次折磨沒有退出的散戶，迫使其交出籌碼。

　　投資者遇到這種盤面走勢時，如果是淺套，股價又剛起跌時，可以少賠出場，等待站穩後低點再買進。如果股價累計跌幅已達到50%以上，不要盲

目殺跌。持幣者等待底部站穩時買進中線持有，或者在股價向上突破底部盤區時跟進。

🤑 恐嚇建立部位2：持續盤跌

這種方式比快速殺跌走勢溫柔，而且效果不差。通常出現在冷門股或長期盤跌的個股中，因為這類股票基本上已經被市場遺忘或拋棄。主力在緩跌過程中完成主倉吸納計畫，股價下跌期就是主倉期。在走勢上陰氣沉沉，呈現小陰小陽下跌，疲弱態勢不見終日。

在一般情況下，盤跌過程中很少出現跳空走勢，股價整體下跌速度緩慢，單日下跌幅度也不大。但下跌週期很長，難以判斷股價在什麼時間可以真正見底，因此出現散戶停損盤。期間震盪幅度不大，成交量萎縮，開盤以開平為多，有時主力為了做盤的需要，故意以開低走高的方法，製造實體很大的假陽線。但是當日股價仍在下跌，而且可能連續以這種方式下跌。

投資者大多秉持悲觀態度，對後市的漲升不抱太多的希望，認為每次盤中上衝都是解套或出逃的最佳時機，早一天出場、少一份損失。因此不斷有籌碼相繼拋售，這樣主力就可以吃進大量而便宜的籌碼。它的主要特徵有3個，以下詳細介紹。

（1）整個盤跌期間的成交量整體水準萎縮，盤跌途中遇到反彈時，成交量可能略有放大，但不會很充分，也不能持續，而單日突發巨量的反彈則不太正常，多方顯得過急，但是到了後期，成交量可能會放大不少。

（2）股價緩跌中不斷以反彈的方式抵抗，甚至走出局部小型的V形、W形或頭肩底等反彈形態，盤面維持一段虛假的繁榮後，股價繼續下跌。這種反彈是繼續回落累積下跌的能量，直到無力反彈時，股價才可能真正見底。

（3）股價運行類似波浪運動，只不過像退潮的海水一樣，一個波浪比一個波浪低。也就是說，股價反彈的每一個高點都不及前期高點，高點一個比一個低，低點一個比一個更低，而且從波浪形態和數量很難判斷股價何時真正見底。在一個波浪形態內，通常股價緊貼5日均線下跌，反彈時很少突破30日均線壓力（一個波段下跌結束後的弱勢反彈，股價可能向上碰到30日均線附近）。股價回落整體角度一般在30度、45度、60度左右。

圖表1-11 鄂爾多斯（600295）的盤面走勢圖

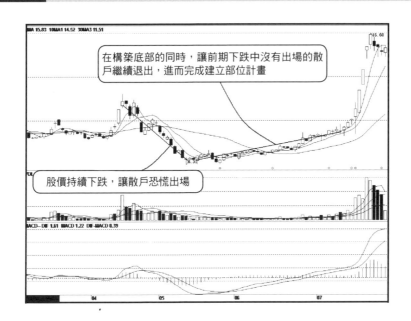

見圖表1-11，鄂爾多斯2017年4月經過快速衝高後，出現放量大幅下跌走勢，股價階段性跌幅達到35%。在這輪下跌行情中，主力持續壓低股價，造成跌勢遠不見底的感覺，讓大批散戶在恐慌中出場，而早有準備的主力在大量收集散戶賣出的籌碼。

此後，隨著散戶賣盤結束，股價漸漸站穩回升。那麼，為何主力採用緩慢的推升走勢？因為在前期暴跌的過程中，仍有一部分散戶來不及退出，而主力採用推升手法，主要是想給這些散戶一個出場機會。因此，主力一邊推升、一邊建立部位，慢慢抬高股價，當主力完成建立部位之後，股價進入加速上升階段。

這支股票的主力建立部位意圖明顯，透過一邊建立部位、一邊打壓的手法，導致股價緩緩向下走跌，使散戶失去信心，加上基本面不佳，很快就達到主倉期的吸籌計畫。

持股者遇到這種盤面走勢時，要在反彈高點賣出或減少部位，在急跌或

跌幅較大時逢低再買進，以降低平均持股成本。持幣的觀望者不要過早參與，因為這類股票沒有明顯的底部，正確的做法是密切追蹤、觀察盤面走勢，待放量突破壓力位（均線、趨勢線或成交密集區等）時適量介入，在反轉確認突破有效時加碼買進。

1-4

【引誘】用2個技巧逐步推高股價，讓散戶獲利了結

引誘建立部位有2種，分別是快速拉高建立部位和持續推高建立部位，以下將搭配實例與圖表做解說。

引誘建立部位1：快速拉高

這種方式大多出現在熊市末期和平衡市況中，或是冷門股和長期下跌的股票裡，往往反映出主力實力雄厚或作風凶悍的一面。

主力在低位吸不到低價籌碼，或個股背後藏著某種潛在利多，就採取拉高手法建立部位，迅速將股價抬高，甚至創出股價歷史新高，讓散戶獲利了結，順利完成建立部位計畫。

這種建立部位手法的優點是犧牲價位、贏得時間。使用這個手法的原因是，背後蘊藏著重大題材，一旦被公布，將直接導致股價大幅上升，時間較倉促，來不及在低位吸籌，或是出於嚴格的保密需要，擔心其他資金在低位搶籌碼，於是提前開打市場突襲戰。

從邏輯來說，既然主力願意出高價急速建立部位，表明股價未來應該有極大的上漲潛力，拉高建立部位反映主力急於吸貨的迫切心態。如果這支股票後市沒有極大的炒作空間，主力不會投入大量資金。

在實戰中，這種建立部位手法較常見，特別是一些資金實力雄厚的強勢主力股，經常採用這種手法建立部位，給散戶一點安慰，讓他們輕易交出低廉籌碼。有時候，一些短線主力或游資主力也會採用這種方法，因為這類主力講求的是時間而不是價位。

圖表1-12　華資實業（600191）的盤面走勢圖

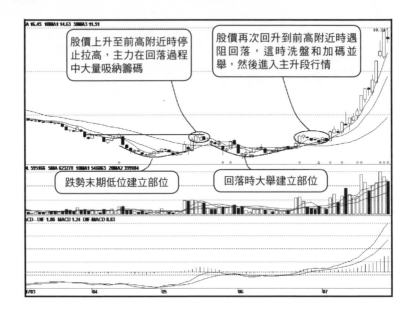

見圖表1-12，華資實業經過長時間的下跌調整後，股價到達底部區域，這時主力開始逢低吸納低價籌碼，但低位拋售籌碼不多，主力很難如期完成建立部位計畫。

於是，主力在2017年5月，將股價向上快速拉高到前期高點附近。由於主力非常狡猾，當股價回升到10元上方時，馬上停止拉升步伐，造成股價上漲遇阻的假象，讓股價慢慢回落，主力在股價回落過程中再次大量收集籌碼。6月下旬，當股價再次回升到該價位時，出現同樣的回落走勢，但這次回落具有洗盤和加碼的雙重意義。

從盤中可以看出，6月27日開始連續收出4根縮量調整陰線，雖然陰線實體不大，下跌幅度不深，但給散戶造成很大的壓力，以為股價無法突破前期高點，擔心股價再次回落遭到套牢，進而決定出場。當股價回檔到30日均線附近時，洗盤適可而止，調整結束，股價於7月5日開始放量向上突破，從此走出一波上漲行情。

引誘建立部位 2：持續推高

　　這是市場成功見底後，股價緩緩向上爬升，在盤升過程中完成建立部位計畫，主力一邊拉升一邊吸籌的技巧。使用這種方式的原因，大多是由於股價已被市場慢慢推高脫離底部，市場前景普遍看好，投資者出現惜售，只能逐步推高股價來收集籌碼。

　　在圖表上會出現階段特徵，也就是進二退一或進三退一，先拉出2、3根小陽線，再拉出一根小陰線。由於主力無法在相對底部吸到足夠的籌碼，因此持股成本較高，風險也相對較大。

　　主力通常會選擇具有豐富題材的股票作為目標股，否則很難得到市場認同，導致後市股價很難大幅炒高，沒有獲利空間。這種建立部位方式的條件，通常是在大盤已經短期見底，並開始出現轉跌為升的跡象時進場。當然，有時也反映主力實力弱小的一面，不敢將股價大幅拉高，它的主要盤面特徵有以下3個。

　　（1）成交量整體不大，但能夠維持活躍的市場人氣。

　　（2）單日漲跌幅度都不是很大，在日K線上呈現小陰小陽形態。

　　（3）小浪推升，30日均線穩健有力，很少形成大型的技術形態。

　　見下頁圖表1-13，方大炭素在2016年10月完成反彈走勢後，實力強大的主力開始建立部位，採用打壓和推升建立部位的手法。在2016年12月12日至2017年4月25日期間，先後進行5次明顯的打壓動作。

　　當主力拿到部分籌碼後，改用推升的方法繼續吸納籌碼，在4月17日至6月22日這段時間裡，我們可以看到股價緩緩上漲，盤面不冷不熱，而且重心不斷上移。

　　在這個期間，一些前期套牢者得到解套或少虧時，在中途選擇退出觀望，而一些低位進場者也選擇獲得了結，如此一來，主力基本上完成整個建立部位計畫。由於主力採用一邊拉升一邊洗盤的手法推高股價，因此沒必要再次洗盤，從6月23日直接進入拉升階段。

　　從走勢圖中可以看出，主力透過緩慢推升股價，達到一邊建立部位、一邊洗盤、一邊換手的目的，不斷紮實底部，為日後拉升奠定基礎。同時，還

圖表1-13 方大炭素（600516）的盤面走勢圖

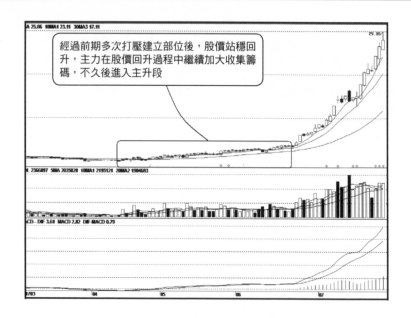

經過前期多次打壓建立部位後，股價站穩回升，主力在股價回升過程中繼續加大收集籌碼，不久後進入主升段

表明不給短線投資者進場的機會。不冷不熱的緩升走勢，讓投資者無利可圖，只能遠遠觀之，也使主力保持低調，不想過分顯露盤面資訊，免得大戶進場搗亂。

　　散戶遇到這種建立部位的方式時，應堅定持股信心，買陰不買陽，也就是在股價下跌收陰線時買進，不在衝高收陽線時參與。參與後要緊抓不放，以中、長線操作為主，等待盤面放出巨量，進入快速拉升時出場，並且以30日均線作為重要參考指標，一旦有效跌破30日均線的支撐，就要立即出脫持股。

1-5

【破位】製造均線假突破等 6 種盤面，設下空頭陷阱

破位建立部位可分為6種，分別是大陰假殺跌、均線假突破、形態假突破、趨勢假突破、前低假突破和盤區假突破。

破位建立部位 1：大陰假殺跌

股價經過長期下跌後，主力為了達到吸貨目的，刻意向下打壓股價，在底部區域或階段性底部收出最後下跌大陰線，形成加速下跌走勢，以加強市場空頭氣氛，誤導散戶拋售出場。

因此，這時出現的大陰線，反映中、短期股價跌幅過大，市場出現非理性殺跌，一般是最後的下殺動作，具有最後殺跌性質，往往反映股價下跌或調整即將結束，這是加速趕底走勢，後市有望止跌回升或形成反轉走勢，因此投資者應該逢低吸納，持股待漲。

見下頁圖表1-14，衛士通經過長期下跌調整後，市場處於底部區域，也就是市場已經到達跌勢後期，但是主力為了繼續收集低價籌碼，刻意向下打壓股價。2017年7月17日股價放量下挫，在底部區域收出光頭光腳的跌停大陰線，使技術上形成加速下跌勢頭。

但是，第2天股價只是小幅下跌，由於買盤逢低介入，股價止跌走穩。經過一段時間的築底走勢後，股價漸漸盤出底部，走出一波快速上漲的行情。因此，在底部遇到加速下跌的大陰線時，應密切關注股價的後市走勢，只要不出現持續下跌，就可以逢低買進、中線做多。

判斷這根大陰線的關鍵，在於股價所處位置。當時股價處於長時間調整

圖表1-14　衛士通（002268）的盤面走勢圖

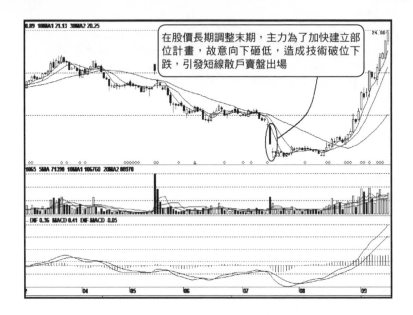

> 在股價長期調整末期，主力為了加快建立部位計畫，故意向下砸低，造成技術破位下跌，引發短線散戶賣盤出場

的低位，每次下跌都可能是誘空行為，或是股價慣性下跌所致，因此分析大陰線出現的背景是大家最關注的。雖然當天出現這根大陰線時，成交量有所放大，但是整體成交量呈現縮量態勢，在這之前成交量也有持續低迷的現象，表示下跌動能漸漸衰竭，屬於無量空跌性質。所以，這是最後殺跌大陰線，屬於主力誘空行為，投資者可以逢低吸納。

在實戰操作中，投資者遇到低位最後大陰線時，應把握以下技術要點。

（1）分析股價所處位置，通常股價階段性跌幅超過50%時，說明下跌幅度較大，市場有反彈或反轉的要求。這時出現最後大陰線時，投資者可以試探性建立部位，如果出現明顯的止跌訊號時，可以加碼做多。

（2）在前期下跌過程中成交量持續萎縮，表示空頭能量釋放完畢，最好是在最後大陰線出現的當天，也沒有明顯的放量現象。

（3）股價止跌之後，不見得馬上會出現上漲，往往是橫向盤整走勢，因為市場總是下跌容易、上漲難，需要更多時間築底。遇到這種情況時，不

要動搖持股信心，只要不出現持續性放量下跌，後市股價就會震盪上漲。因此，重點關注「放量」和「持續」2種盤面，就能與主力共舞。

破位建立部位2：均線假突破

均線具有提示運行趨勢、行情強弱、支撐壓力、助漲助跌，以及技術騙線較少等顯著優點。當股價由上向下突破均線時，股價由均線上方轉為下方，預示股價漲勢結束，後市將出現下跌行情，因此是個普通的看跌訊號。

在建立部位過程中，主力為了加強建立部位的效果，在低位刻意打壓股價，向下跌破均線系統，形成技術破位走勢，加強市場恐慌氣氛，目的是讓散戶在恐慌中出場，達到順利建立部位目的。

根據均線週期長短，可分為短期均線、中期均線和長期均線。這裡僅就股價向下突破30日均線為例分析，對於其他類型的突破走勢，投資者可依照本書提供的思路，在實戰中自我進行研判、總結。

依據多年的實戰經驗，想識別這種建立部位的方式，要重點把握以下3個條件。

（1）股價前期必須經過充分調整，累計跌幅超過50%，盤面最好符合「一波急、二波緩、三波站穩」的特性。

（2）股價前期出現持續縮量過程，而此時又出現放量現象，代表主力建立部位基本結束。

（3）股價向下突破後沒有出現持續下跌走勢，此時縮量更好。

如果個股盤面符合上述3個條件，基本上可以確認為主力在盤中建立部位。這時可少量買進，部位控制在30%左右，當股價回升到突破位置上方或均線系統形成多頭排列時，可以把部位加到80%以上，買進後以中、長線持有為主，通常這類個股是中長線主力所為。

股價向下突破30日均線，大致可以分為3種情況，以下分別詳細說明。

第1種情況是在大幅下跌後的低位，股價向下跌破下跌的均線系統，均線系統繼續呈現空頭發散，盤面進一步走弱，恐慌氣氛濃烈，散戶出現停損盤，此時主力建立部位。

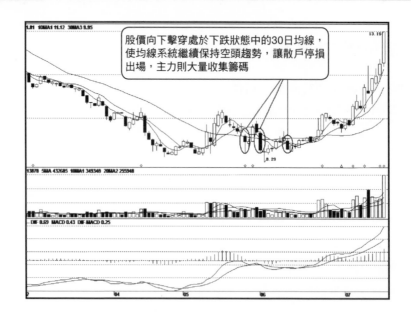

圖表1-15　華資實業（600191）的盤面走勢圖

　　見圖表1-15，華資實業股價見頂後大幅下跌，調整時間長達2年，累計跌幅超過65%，而股價依然沒有見底跡象，30日均線不斷下跌，對股價發揮壓制和向下牽引作用，股價每次反彈結束後，都出現不同程度的下跌走勢。

　　2017年5月中旬，出現一次放量反彈行情，股價向上突破30日均線的壓制，而此時30日均線仍然保持下跌狀態，導致股價沒能形成持續上漲走勢，且很快出現向下回落，隨後股價分別在2017年5月24日、6月1日和6月12日，再次向下擊穿30日均線的支撐，在盤面上出現加速下跌之勢，均線系統繼續空頭發散，恐慌氣氛進一步加劇。

　　不少投資者受到前期下跌的影響，紛紛斬斷部位出場。不過，股市總有太多意外，股價沒有下跌多少就站穩回升，很快走出一波牛市行情。

　　從圖中可看出，主力建立部位的跡象明顯，主要展現在以下3個方面。

　　（1）整體：股價調整時間充分，下跌幅度較大，這是主力進場建立部位的前提。

（２）成交量：出現異常放量跡象，表明有主力資金在活動。根據股價處於低位，這時可以排除主力出貨的可能性，那麼這個量就是建立部位量，而非出貨量。

（３）盤面分析：股價向下突破30日均線後，沒有出現持續下跌走勢，特別是第2次、第3次向下突破30日均線後，股價沒有持續下跌，而是緊貼均線下方盤整，且成交量活躍。這使人納悶，既然是突破，為何股價沒有脫離突破位置？這種現象是假突破的可能性通常較大。

在實戰操作中，股價跌破30日均線支撐是極常見的事。因此，散戶難以把握這種建立部位的方式，經常把反彈行情看作主力建立部位的行為，結果進場後被套牢在半途中。

第2種情況是在大幅下跌後的低位，股價向下跌破上漲的均線系統，均線系統走平或轉為空頭發散，形成新一輪下跌之勢，再次形成恐慌氣氛，主力以此達到建立部位目的。

見下頁圖表1-16，華聯控股長時間處於底部盤整狀態，成交量持續萎縮，股價站穩後漸漸見底回升，30日均線由下跌狀態漸漸轉為上漲狀態。主力為了加快建立部位的步伐，分別在2017年3月底、5月10日和5月22日，故意將股價打壓到30日均線之下，對均線系統造成破壞，打擊技術愛好者，產生一定的恐慌氣氛，讓低位獲利盤和前期套牢盤相繼賣出，主力如願以償獲得低廉籌碼。

可是，股價向下突破30日均線後，沒有出現持續下跌走勢。經過一段時間的整理，7月14日股價向上突破，形成加速上漲行情。

根據上述識別這種建立部位方式的3個條件可以發現，在向下突破30日均線之前，股價已經有長時間的調整，主力很可能在這個價位建立部位。股價前期出現持續縮量的過程，在站穩回升時成交量溫和放大，表示有買盤資金介入。

在股價向下突破30日均線後，按理說會出現一波下跌行情，但是盤中並沒有出現持續下跌走勢，而且在前期低點附近獲得技術支撐而回升，代表這是一次假突破行為。

可見得，主力利用向下跌破30日均線支撐，製造一個空頭陷阱，既是一

| 圖表1-16 | 華聯控股（000036）的盤面走勢圖 |

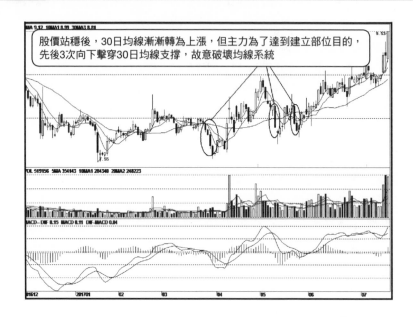

次建立部位行為，也是一次向下試盤的動作。當投資者遇到這種盤面走勢時，可以在前期低點附近試多，當股價向上突破雙重底頸線位之後，可以加碼到80%以上的部位做多。

　　第3種情況是在大幅下跌之後的低位，股價向下跌破水平移動的均線系統，均線系統出現向下發散，形成向下突破之勢，開始形成恐慌氣氛。散戶出現賣盤，主力悄然完成加碼計畫。

　　見圖表1-17，濮耐股份經過長時間的下跌調整後，股價漸漸止跌站穩，成交量出現持續萎縮，實力強大的主力悄然入駐，均線系統呈現橫向運行，後市股價方向不明確。這時由於主力前期籌碼不多，為了加快建立部位的步伐，在2017年7月17日向下大幅打壓股價，製造空頭技術陷阱，一根跌停大陰線擊穿30日均線，短期均線向下發散，盤面開始出現恐慌氣氛。

　　這時，有的散戶持股信心開始動搖，將籌碼賣給主力。可是，股價向下擊穿30日均線之後，沒有出現持續下跌走勢，很快便站穩回升。7月21日，

圖表1-17 濮耐股份（002225）的盤面走勢圖

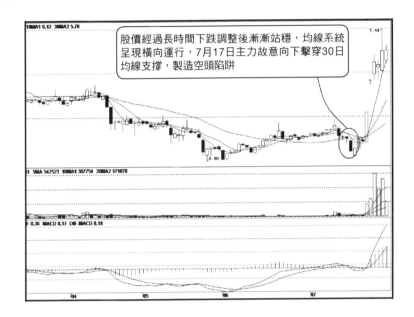

股價經過長時間下跌調整後漸漸站穩，均線系統呈現橫向運行，7月17日主力故意向下擊穿30日均線支撐，製造空頭陷阱

一根漲停大陽線拔地而起，向上突破底部盤區，從此拉開上漲的序幕。

　　主力的建立部位軌跡，先在前期震盪過程中吸納大部分籌碼，然後在站穩過程中繼續加碼吸納力道，最後製造空頭陷阱，再次完成加碼動作。總之，主力藉由這次打壓跌破30日均線，在整個過程中具有至關重要的作用，一來加快收集籌碼，二來紮實底部根基，還可以發揮試盤作用。

　　那麼，針對這種盤面走勢，散戶該如何分析、判斷主力的建立部位意圖？透過分析盤面細節不難發現以下2個關鍵。

　　（1）在股價出現反彈之前，成交量持續萎縮，表示下跌動能不強，股價距離底部區域不遠，因此排除主力出貨的可能。

　　（2）重點在於股價向下突破這個環節上，這裡有3個問題值得關注：主力為何打壓股價？打壓的力道有多大？打壓之後要做什麼？只要釐清這幾個問題，盤面情況就可以迎刃而解。

從這支股票的盤面分析，主力打壓的目的只有2個：一是打壓建立部位，二是向下試盤。在股價向下突破30日均線後，沒有出現持續的下跌走勢，到了前期低點上方就得到技術支撐，說明打壓力道不強，只是點到為止，持續打壓可能會引起反作用。

打壓後，股價漸漸回升到原來的盤整區附近，這就很難理解，因為股價打壓下去又上來，主力豈不是白費力氣嗎？答案是不會。在股價回升過程中，不少散戶看到大山壓頂而出場，主力因此獲得很多低價籌碼。散戶知道這些主力意圖後，操作思路變得明確，知道安全的買點是在股價突破前期平台或30日均線附近（30日均線必須再次上漲，否則過早買進仍有風險）。

透過分析上述例子，投資者在實戰操作中遇到股價向下突破均線時，應注意以下4個技術因素。

（1）**觀察均線系統的排列**。空頭排列時，市場處於弱勢，股價向下運行，這時股價向下突破均線時，真突破的可能性較大。多頭排列時，市場仍持續強勢，股價向上運行，這時股價向下突破均線時，假突破的可能性較大。均線系統水平移動時，市場處於橫盤態勢，股價方向不明，這時股價向下突破均線時，應該用其他技術分析方法研判。

（2）**確定股價所處位置**。股價必須處於長期下跌後的低位，盤面經過充分調整，累計跌幅超過50%，盤面最好符合「一波急、二波緩、三波站穩」的特性。

（3）**判斷成交量的變化**。在股價前期下跌過程中，出現持續縮量現象，而此時又出現放量走勢。

（4）**重點突破後的走勢**。無論是往哪個方向突破，盤面必須有氣勢、有力道，走勢乾脆俐落，不拖泥帶水。突破後能夠持續發展，既然是突破就不應該磨磨蹭蹭。如果突破後股價仍不願意離開突破位置，肯定是假突破，股價很快將返回原來的位置，並朝向原來的運行方向繼續發展。

(\$) 破位建立部位 3：形態假突破

股價在長期的震盪整理過程中，可能形成某些技術形態，例如：常見的雙重形、頭肩形、圓弧形、三角形、楔形或旗形等。股價一旦成功向下突破

图表1-18　西水股份（600291）的盤面走勢圖

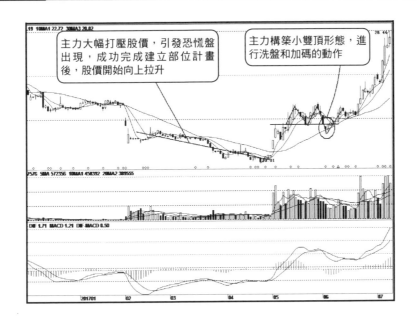

這些技術形態，表示成功構成頭部技術形態，股價將沿著突破方向繼續向下運行，這是一個普遍看空的賣出訊號。

但是，主力往往反其道而行。「反大眾心理」是主力最大的意圖，也是最有效的手法。主力在底部建立部位時，為了騙取散戶的低價籌碼，會製造虛假的頭部形態，恐嚇散戶出場。

（1）雙重頂形態向下假突破。雙重頂形態大多出現在上漲趨勢的頭部，有時也在整理過程中出現，是重要的反轉形態，具有強烈的看跌意義。但在實戰中，形成雙重頂形態之後，經常發生後市出現繼續上漲的情況。這給後市判斷增加不少難度，尤其是主力為了達到目的，借題發揮、誇大效果，故意發出虛假的盤面資訊，導致散戶做出錯誤的買賣決策。

見圖表1-18，西水股份充分表現出主力奸詐狡猾的特性，將建立部位和洗盤手法運用得淋漓盡致。2017年2月3日開始，在大幅調整後的底部採用打壓建立部位手法，讓股價破位走低，引發大批散戶恐慌出場，進而掠走散戶

的大量低價籌碼。

從5月2日開始，股價快速反彈到前期盤區附近，但此時主力停止拉升步伐，股價出現震盪走勢，不少散戶感到上漲無望而出場觀望。經過一段時間的震盪整理，形成一個雙重頂形態，6月2日向下跳空開低後，主力順水推舟，略施陰謀詭計，順勢輕鬆一擊，股價向下擊穿雙重頂的頸線，同時也擊穿30日均線，形成技術破位之勢。

不少散戶見到這個情形就心慌意亂，紛紛出脫持股，而主力如魚得水，輕而易舉騙取散戶的低廉籌碼。可是，股價沒有出現持續下跌走勢，站穩後很快回升到整理形態之內。經過一段時間的整理後，於6月21日開始放量上攻，一匹大黑馬就這樣奔向市場。

這種建立部位方式是利用某些技術形態借題發揮，故意擊穿形態的頸線位，造成技術破位走勢，進而渲染空頭氣氛，使散戶在恐慌中賣出籌碼。那麼，如何解讀這支股票的盤面走勢？

從圖表可以看出，主力故意將股價跌破雙重頂的頸線，目的是為了引起恐慌，達到建立部位和試盤的目的，另一個目的是進一步構築紮實的底部基礎。從盤面觀察，當股價跌破雙重頂的頸線時，成交量沒有明顯放大，說明主力沒有大量拋出籌碼，賣出的只是散戶的恐慌盤，做空動能並不充足。

按理來說，這種形態向下突破後，股價將有一波下跌走勢，但是股價不但沒有持續下跌，反而很快止跌回升，說明這是假突破動作，主力大量吃進籌碼，封堵股價的下跌空間。所以當股價重返形態後，可以密切關注，一旦發力上攻就可以積極跟進，與主力共舞。

可見得，這支股票的重大疑點是，股價向下突破雙重頂的頸線位後，沒有恐慌盤湧出，股價沒有持續下跌，顯示籌碼已經被鎖定，該拋售的散戶已經在前期拋售出場。而且，雖然股價向下擊穿雙重頂的頸線位，但距離前期低點非常接近，又有30日均線的支撐，這是多頭的防線，只要這道防線沒有被成功擊穿，散戶就不必擔心。

（2）頭肩頂形態向下假突破。頭肩頂是典型的頭部反轉形態，也是最著名、最可靠、最常見的技術形態，在理論和實戰中具有重要的技術分析意義。股價經過3次上衝之後，力道已經明顯減弱，越來越多投資者認同後市看淡，主力也難以再度引領市場人氣，盤中缺乏承接力，成交量出現大幅萎

縮，股價表現疲軟，無法穿越頭部高位，並隨著股價的再次回落，跌破頸線位的支撐，預示即將出現大級別的下跌行情。

但在實戰中，有時一個看似非常標準的頭肩頂形態，實際卻是主力製造的空頭陷阱，讓不少散戶受騙上當。

這種虛假的圖形通常表現為，股價經過長時間的下跌調整後，處於市場底部區域，這時主力開始逐步建立部位。然後股價出現一波小幅反彈行情，當股價反彈到一定的幅度後，遇到上漲壓力而出現震盪，在震盪過程中形成頭肩頂形態。

或者，主力為了吸納更多低價籌碼，往往採用壓箱頂方式建立部位，在震盪過程中形成頭肩頂形態，為了加強恐慌盤面氣氛，故意向下擊穿頭肩頂頸線，造成技術破位之勢。這時，有不少投資者以為股價後市將出現下跌走勢，因此紛紛賣出籌碼，可是不久股價站穩回升，步入上升通道，成為低位頭肩頂陷阱。

見下頁圖表1-19，滄州大化隨著基本面的好轉，股價出現較大幅度的上漲，然後在相對高位出現盤整走勢，在震盪過程中形成頭肩頂形態。在2017年6月1日，股價向下擊穿頭肩頂形態的頸線位，這時不少散戶獲利退出。其實，主力志在高遠，遠遠沒有到達炒作目標，繼續暗中吸納籌碼，在充分的洗盤換手之後，股價再次步入升勢，形成主升段行情。

主力故意將股價跌破頭肩頂的頸線位，目的是在主倉期收集更多低價籌碼，同時構築紮實的底部，這也是建立部位、洗盤和試盤的綜合反映。而且，更重要的一點是在股價跌破頭肩頂的頸線位後，雖然引起散戶恐慌，但股價沒有出現持續下跌走勢，而是盤踞在突破位置附近，有假突破嫌疑。

散戶不妨想一想，為什麼一個標準的頭肩頂形態向下突破後，股價沒有持續下跌？這不就是假突破嗎？在這裡，主力的建立部位意圖暴露無遺，投資者應該逢低買進，與主力共舞。

通常，頭肩頂是一個頭部反轉形態，向下突破是形態的基本特徵，但經常看到向下假突破的情形。當股價成功構築右肩後，在股價出現向下回落時，主力借力一舉向下突破頭肩頂的頸線位，一個標準的頭肩頂形態宣告完成，這樣看空後市的人就會越來越多。

不過，股價卻在頸線位附近盤整數日後，又回升到頸線之上，隨後出現

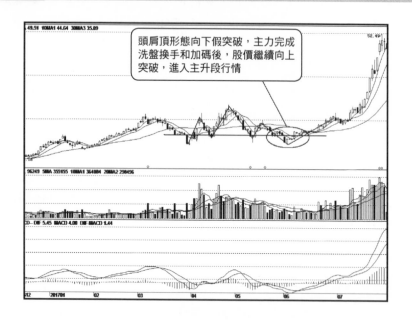

圖表1-19　淪州大化（600230）的盤面走勢圖

頭肩頂形態向下假突破，主力完成洗盤換手和加碼後，股價繼續向上突破，進入主升段行情

升勢行情。於是，一個頭肩頂向下假突破的陷阱宣告形成，這就是主力意圖所在。

實戰中還有不少類似的形態假突破現象，例如：倒V形、島形、潛伏形、圓形、盤形、旗形、楔形、N形和長方形等向下假突破走勢。投資者可以根據相關技術要點，綜合分析盤面，提高識別主力意圖的能力和技巧。

破位建立部位4：趨勢假突破

　　股價在長期的下跌過程中，形成一條明顯的下降趨勢線，呈現一波比一波低的弱勢盤跌走勢，場內交易氣氛冷淡。投資者對市場喪失信心，導致賣盤加重，股價向下跌破趨勢線，出現進一步下跌的勢頭，這通常是一個賣出訊號。

　　或者，股價在明顯的上升趨勢線中運行，如果回落到上升趨勢線時，得

圖表1-20　正海磁材（300224）的盤面走勢圖

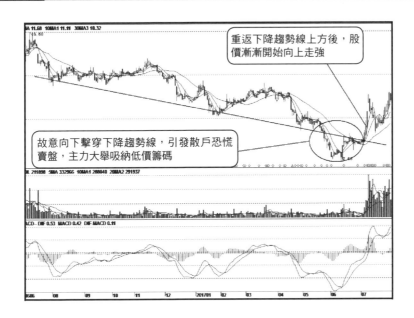

不到趨勢線的有力支撐而向下擊穿上升趨勢線時，也是一個賣出訊號。又或者，在長期的運行過程中所形成的水平支撐線，股價一旦向下有效擊穿這條線時，就是賣出訊號。可是在實戰中，當散戶紛紛出脫持股後，股價卻沒有下跌多少就站穩回升，進而出現一波上漲行情，成為一個空頭陷阱。

（1）向下突破下降趨勢線。在跌勢末期，主力故意打壓股價，進一步製造市場恐慌氣氛，讓散戶恐慌出場。

見圖表1-20，正海磁材股價反彈結束後再次下跌，低點一個比一個低，形成一條明顯的下降趨勢線，表明市場十分疲軟，調整沒有結束。這時，主力為了吸納更多低價籌碼，在2017年5月下旬連續故意打壓股價，向下擊穿下降的趨勢線，形成加速下跌之勢，對散戶造成極大的恐慌，不少散戶擔心套牢而不得不出場。但是，當散戶出脫股票後，股價沒有下跌多少，很快站穩並進入盤升行情。

那麼，這支股票為何不會持續下跌？主力意圖是什麼？

　　第一，股價整體跌幅較大，繼續大幅下跌的機率較小，長線投資的價值浮現，因此低位向下突破成為空頭陷阱的可能性不大。

　　第二，在擊穿水平趨勢線支撐後，沒有出現放量現象。這表明主力沒有出場、籌碼穩固，只是一些恐慌散戶賣出持股，因此不會出現大幅跌勢。

　　第三，雖然一度向下擊穿下降趨勢線，但沒有出現持續下跌走勢，也沒有出現加速下跌之勢，這是主力欺騙散戶的常用手法。

　　第四，主力先前買進的初倉籌碼被套牢，鑑於股價處於底部區域，主力不會大幅打壓股價，否則容易造成負面影響。

　　（2）向下突破上升趨勢線。 在股價止跌站穩後，主力故意打壓股價，向下擊穿剛形成的上升趨勢線，形成階段性行情結束的假象，讓散戶主動賣股出場。

　　見圖表1-21，方大炭素經過充分調整後，主力進場收集籌碼，股價漸漸站穩回升，形成一條清晰的上升趨勢線，股價沿著小通道向上爬高。

　　這時主力手中籌碼不多，於是在2017年3月下旬，故意向下擊穿這條上升趨勢線。通常，當股價跌破上升趨勢線時，表示反彈行情結束，股價再次步入下跌走勢，構成賣出訊號。

　　但是，主力賣出股票後，股價並未下跌多少，就站穩並盤升而上，因此形成一個空頭陷阱。隨後，在股價向上盤升過程中，主力繼續採用一邊洗盤一邊加碼的手法，完成整個建立部位計畫。從6月23日開始，股價出現加速上漲階段。

　　那麼，該股反映出什麼技術問題？從走勢圖中可以看出以下3個問題。

　　（1）股價向下突破上升趨勢線時，成交量不大，通常股價下跌時不強調成交量的大小，但在突破的關鍵位置要有成交量的放大，才能加強突破的有效性。從該股的盤面分析，可以說明沒有出現恐慌盤，主力對籌碼掌握得非常好，向下突破則進一步加強籌碼的穩定性。

　　（2）該股步入上升通道後，沒有充分的洗盤調整，所以主力有必要洗盤調整，短期下跌屬於合理，且洗盤是為了更好地上漲。

　　（3）從價位情況分析，股價整體下跌幅度較大，基本處於歷史底部區域，即使出現下跌走勢，估計跌幅不會很大。只要獲取中間一截利潤就可以，對市場的預測也不可能那麼精確，有時過於精算反而會因小失大。

圖表1-21　方大炭素（600516）的盤面走勢圖

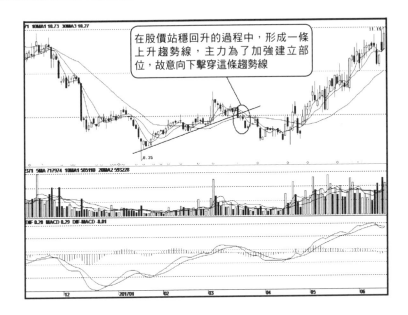

在股價站穩回升的過程中，形成一條上升趨勢線，主力為了加強建立部位，故意向下擊穿這條趨勢線

　　由此可以認定，該股向下突破上升趨勢線是一次主力建立部位的行為。投資者遇到這種走勢時，以逢低吸納為主，不宜盲目殺低，或是等待反轉有效時再做決定。

　　在實戰中，一條已形成的上漲趨勢線，對股價上漲發揮助漲和支撐的作用，反映市場持續做多勢頭，應繼續看多、做多。不過，有時股價在上升趨勢運行一段時間後，突然被一股巨大的做空力量打破上升趨勢線的支撐，一時間擾亂投資者的思維，因此紛紛拋售股票出場，這種現象經常出現在上漲初期。可是，股價在趨勢線下方作短暫停留後反轉向上，步入強勁的上漲行情，讓出場者深感悔意。

　　透過分析上述2個例子，投資者在實戰中遇到股價向下突破趨勢線時，可以從以下6個方面判斷。

　　（1）股價向下突破趨勢線後，要分析均線系統的發散情況和乖離率的大小。

（2）股價累計下跌幅度較大，處於市場底部區域，這時向下突破為假突破的可能性較大。

（3）從量價來看，向下跌破趨勢線時，雖然不強調成交量是否放大，但在突破的那幾天成交量也要放大，否則容易演變為假突破走勢。

（4）在股價跌破下降趨勢線後，形成加速下跌走勢，表明趨勢即將走向盡頭，空方在做最後的掙扎，股價下跌的趨勢不會維持太久。如果股價跌破上升趨勢線後，沒有出現持續下跌走勢，表明主力繼續加碼或洗盤築底走勢，後市的升勢行情可期。

（5）分析原先趨勢線的下降角度，若原先的趨勢線已經較陡峭，這時繼續向下突破，會使新的趨勢線更加陡峭。這樣容易出現超跌反彈或產生市場反轉走勢。

（6）得到其他技術面的進一步驗證，例如：技術形態、K線組合等是否看好，技術指標是否出現背離、交叉或方向的提示。

在實戰中，主力的手法多變，趨勢假突破現象也很常見，而且在技術分析領域有各式各樣的趨勢線，例如：軌道線、黃金分割線、百分比線、角度線、扇形線和速度線等。這些趨勢線都有可能成為主力製造虛假訊號的工具，投資者應綜合分析盤面，深刻領悟主力意圖，密切注意他設下的陷阱。

💲 破位建立部位 5：前低假突破

股價在調整過程中形成的階段性低點，一般具有重要的支撐作用，使投資者產生重要的預期心理。如果股價向下跌破這個位置，說明後市股價下跌空間被打開，具有普遍看跌的意義，投資者應及時退出觀望。

但是，在實戰操作中，股價向下突破前期低點，經常是主力故意打壓建立部位，而設置的空頭陷阱，股價突破後沒有下跌多少就站穩盤整，主力在這裡吸納大量低價籌碼後，股價漸漸向上回升並走出亮麗的上漲行情。

見圖表1-22，市北高新見頂後逐波下跌，不斷創出調整新低，每個低點被有效擊穿後，股價都出現不同程度的下跌行情。2017年4月，股價經過再次暴跌後，在低點形成弱勢震盪，這時主力悄然吸納大量低價籌碼。

| 圖表1-22 | 市北高新（600604）的盤面走勢圖 |

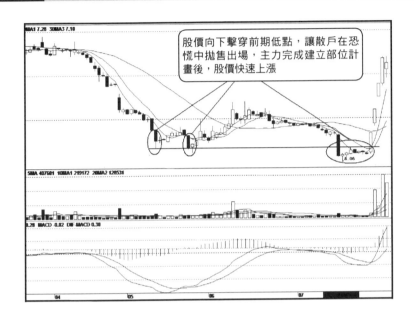

主力為了達到建立部位效果，在7月17日故意向下打壓股價，一根接近跌停的大陰線一舉擊穿前面5月24日出現的明顯低點，技術形態遭到嚴重破壞，有加速下跌之勢。

這時，持有籌碼的投資者開始感到恐慌，認為股價還要再下一個台階，於是紛紛停損出場觀望。然而，股市總有太多意外，股價很快出現站穩走勢。經過7個交易日的震盪整理後，主力成功完成建立部位計畫，7月27日發力而上，短期出現飆升行情。

從該股走勢圖中可以看出，股價向下突破前期低點時，成交量沒有放大，表明突破沒有氣勢和力道。股價沒有大幅壓低迅速脫離突破位置，而是纏綿於突破位置附近，不得不讓人懷疑是假突破。

而且，向下突破時沒有成交量，說明下跌動能不強，盤中缺乏做空動能，籌碼已經被主力鎖定，浮動籌碼很少，屬於無量空跌走勢，是主力在故弄玄虛。另外，經過長期的下跌調整後，股價已處於底部區域，下跌空間不

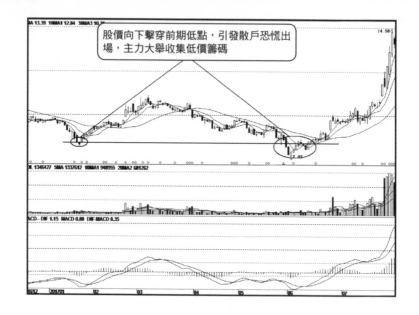

圖表1-23　雲海金屬（002182）的盤面走勢圖

大，向下突破是主力故意打壓的空頭陷阱。因此，這是一次假突破行為，投資者應堅定持股信心。

見圖表1-23，雲海金屬隨著大盤的回落調整，在2017年1月19日創出一個明顯的低點，然後出現一波有力的反彈行情，但是反彈結束後，股價再次回落走低。

一般來說，前面這個低點具有較強的支撐作用，一旦有效跌破，通常預示出現新的下跌走勢，因此主力抓住這點製造空頭技術陷阱。5月26日開始故意打壓股價，連續收出3根陰線，向下擊穿前面的調整新低，導致市場出現一定的恐慌情緒，不少散戶因此拋售籌碼出場。

不過，市場似乎與賣出的散戶過不去，當恐慌的散戶出場後，股價卻止跌，隨後漸漸站穩回升，成交量也逐步放大，主力大舉吸納籌碼，很快出現一波上漲行情。

這2個例子的盤面走勢基本相似，他們的共同特點是，主力利用散戶對

某個技術點位的心理預期，採用反大眾思維操作。主力利用手中的初倉籌碼打壓，突破前期低點支撐，使散戶的心理預期破滅，做出拋售出場的決定。可見得，主力與散戶之間既是一種技術較量，更是一種心理博弈，在技術背後往往隱藏著更大的陷阱。

通常，股價無論往哪個方向突破，一定要有氣勢、量能、力道，一氣呵成，不拖泥帶水，迅速脫離突破區域，有一去不回頭之勢，這樣的突破才是真實有效的突破。如果股價突破某個位置後，仍然在這個位置附近逗留而不願離去，就值得懷疑是假突破行為。

破位建立部位 6：盤區假突破

股價在某個區域，出現長時間的震盪整理或巨大的換手時，會形成一個成交密集區或盤整區。該區域對後市股價發展有至關重要的作用，如果股價向上突破，該位置發揮強大的支撐作用。

相反地，如果股價向下突破該位置，則發揮重大的壓力作用，後市股價大多會出現一波持續下跌行情，因此投資者應及時退出觀望。

但在實戰中，這種走勢經常出現假突破現象，成為主力拉高出貨或打壓吸貨的手法。在股價真正進入上漲行情之前，先向下跌破成交密集區或盤整區，造成股價向下破位之勢，引發投資者出場。

當大家紛紛出脫持股後，股價卻不跌反漲，正式步入上漲行情，形成向下假突破的空頭陷阱。

見下頁圖表1-24，北方稀土股價見頂後逐波下跌，在低位出現長時間的震盪盤整走勢，在震盪過程中形成一條長方形盤整區，股價在一個狹窄的通道內執行時間較長。

2017年7月24日，股價向下擊穿長方形下限支撐，脫離盤整區並創出市場新低，預示股價將產生新一輪下跌行情，因此構成賣出訊號。不少散戶看到這樣的破位大陰線而心生恐懼，做出低位停損出場的決定，而主力在暗中吸納籌碼。

值得注意的是，股價向下破位後，沒有出現持續下跌走勢，很快站穩並形成新的盤整區。主力在這個區域完成建立部位計畫後，在7月6日放量向上

圖表1-24　北方稀土（600111）的盤面走勢圖

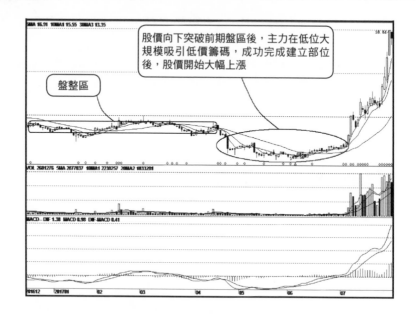

股價向下突破前期盤區後，主力在低位大規模吸引低價籌碼，成功完成建立部位後，股價開始大幅上漲

盤整區

突破底部盤區，從此股價步入上升行情。

　　該股為何向下突破盤整區後，股價沒有出現持續下跌行情？從該股的技術圖形分析，存在以下2方面的技術疑問：一是股價向下突破時沒有成交量，無量空跌說明沒有恐慌盤湧出，主力對盤面掌控較好，籌碼已被鎖定，盤中浮動籌碼較少。二是股價累計跌幅較大，基本處於市場底部區域，下跌空間已經不大，主力也不敢大幅打壓股價，以免在低位丟失低價籌碼。

　　散戶只要認真分析盤面細節，總會找出主力的陰謀。從該股走勢圖中可以看出，股價向下突破時成交量沒有放大，表明下跌動能不強，盤中籌碼已經被主力控制，浮動籌碼很少，屬於無量空跌走勢。而且，股價經過長期的下跌調整後，已處於底部區域，下跌空間不大，因此再次向下突破是一個空頭陷阱。另外，從圖中還可以觀察到，股價下跌時出現「一急、二緩、三站穩」的現象，料想股價已是跌勢末期，後市股價下跌幅度不會太大。

　　投資者在實戰中遇到這種盤面時，盲目殺跌顯然不可取，應密切關注突

圖表1-25	北京文化（000802）的盤面走勢圖

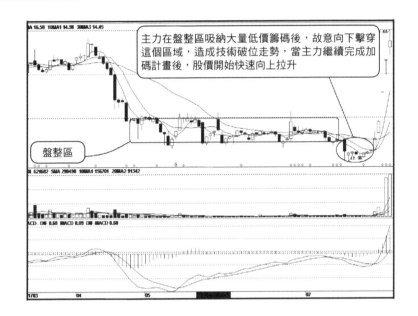

破是否有效，然後再做買賣決策。持幣者可以等待股價重返30日均線之上，或是向上突破盤整區時參與。

見圖表1-25，北京文化見頂後一路走低，不斷創出調整新低，2017年4月19日一根大陰線向下擊穿前期低位盤區，引發新一輪下跌行情，然後在底部再次呈現橫向弱勢整理格局，這時主力大量收集低價籌碼。

主力為了繼續吸納低價籌碼，在7月17日採用同樣的打壓手法，向下擊穿前期盤區的支撐，技術形態遭到嚴重破壞。

這時，不少散戶受到前期股價向下突破盤整區後大跌的影響，擔心出現新的下跌走勢，於是紛紛停損出場觀望，而主力卻一一吃進散戶的單。7月27日，股價發力而上，快速脫離底部盤區。

該股經過前期大幅調整後，股價的下跌空間已經很小，市場明顯缺乏做空能量，說明主力已經獲得不少籌碼，而且在股價向下突破後沒有出現持續下跌走勢。

　　該股有一個明顯的盤面特徵，就是股價向下突破盤整區時，成交量持續萎縮，說明這時賣出的是膽小的散戶，而不是主力。若主力大量減少部位，成交量肯定會有所放大，否則無法出貨。再說，股價見頂後的下跌幅度較大，再笨的主力也不會在這個價位出貨。相反地，主力正在這個位置大量吸納籌碼。既然主力在建立部位，想必股價不會大跌，否則主力將套牢自己。

　　投資者如果分析這些市場因素，就能釐清主力的意圖，其陰謀也就不攻自破，然後以其人之道還治其人之身，這是投資股票的樂趣和境界。

　　在實戰操作中，如果出現以下3個盤面現象時，可以認定為假突破。

　　（1）在向下突破盤整區之前，股價累計下跌幅度較大，在低位出現明顯的止跌跡象。通常，下跌幅度越大、盤整時間越長，股價止跌站穩的可能性越大。

　　（2）在股價向下突破時，沒有氣勢、沒有力道，突破後股價沒有持續下跌。

　　（3）在向下突破之後，股價很快站穩回升，或很快收復大部分失地。

　　成交密集區和盤整區的差別在於，成交密集區通常以大成交量為特徵，時間長短不重要，而盤整區往往持續時間較長，但累計成交量也不少。

　　在這類個股中，通常盤整時間越長，成交量越大，堆積的籌碼越多，籌碼換手越充分，從而形成一個成交密集區，一旦股價向下突破這個區域，將成為中長期的一個重要壓力位。

　　多頭想要重新突破這個區域，需要很大力量和良好市場環境才能突破，也就是需要技術面和基本面的配合，才能逆轉行情。主力在此製造空頭陷阱，建立部位效果明顯，因此多數主力在股價正式啟動之前，經常做出這種盤面形態。

【壓力】除了前高假壓力的計謀，你還得注意什麼？

壓力建立部位可分為均線假壓力、趨勢假壓力、前高假壓力和盤區假壓力4種。

壓力建立部位 1：均線假壓力

根據葛蘭碧八大法則，均線具有支撐和壓力作用。當股價在均線之下向上反彈時，沒能向上突破均線壓力而受阻回落，顯示均線附近壓力較重，此為賣出訊號。

在實戰中，主力為了加強建立部位的效果，當股價回升到均線附近時，故意不突破，形成均線有重大壓力的假象，讓散戶選擇出場。當散戶退出後，股價很快向上突破，成為均線假壓力陷阱。根據週期長短，可分為短期、中期和長期的均線壓力。這裡僅以30日均線為例分析，對於其他類型的均線壓力，投資者可以根據提供的思路自行判別。

見下頁圖表1-26，廈門鎢業經過大幅下跌後，跌勢有所放緩，在底部區域出現震盪走勢，主力在此吸納大量低價籌碼，順利完成主倉吸籌計畫。

從走勢圖中可以看出，2017年4月24日股價向下擊穿前期低點後，引發散戶恐慌盤出現，然後站穩回升到30日均線附近時，主力略施陰謀詭計，使盤面出現震盪走勢，股價多次攻擊30日均線，都無法形成有效突破，股價緊貼30日均線漸漸下滑。

這時，不少散戶認為30日均線對股價明顯施壓，使股價短期無法向上突破，因此出場，主力這時大舉加碼。6月2日，股價再次向下創出新低，當最

圖表1-26　廈門鎢業（600549）的盤面走勢圖

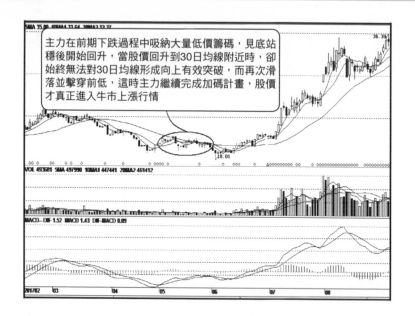

> 主力在前期下跌過程中吸納大量低價籌碼，見底站穩後開始回升，當股價回升到30日均線附近時，卻始終無法對30日均線形成向上有效突破，而再次滑落並擊穿前低，這時主力繼續完成加碼計畫，股價才真正進入牛市上漲行情

後一批散戶恐慌出場後，股價漸漸站穩回升，走出一波震盪上漲行情。

　　主力在該股中有2個意圖：一是故意打壓，給散戶造成壓力；二是30日均線壓力，當股價反彈到30日均線附近時，形成股價反彈受阻的假象，動搖散戶的心態，產生強烈的賣出欲望。需要注意的是，該股的主倉期是在前期的低位盤整期間，最後的打壓和30日均線的假壓力，只是過程中的一個次要過程，其目的是完成最後的加碼計畫和向下測試底部支撐。

　　見圖表1-27，西水股份見頂後逐波走低，出現一段較長時間的橫向震盪走勢，這時主力手中籌碼不多，於是在2017年2月3日和2月6日，連續2天大幅打壓，造成股價向下擊穿前期整個盤整區，引發大量的散戶賣盤。

　　然後，呈現L形整理，持續時間超過1個月，主力在這個期間吸納大量的低價籌碼。3月中旬，當股價與30日均線接近時，由於受到下降的30日均線壓力，股價沒有形成向上突破走勢，而是再次出現加速下跌，這時再次引發散戶恐慌性賣盤。

圖表1-27　西水股份（600291）的盤面走勢圖

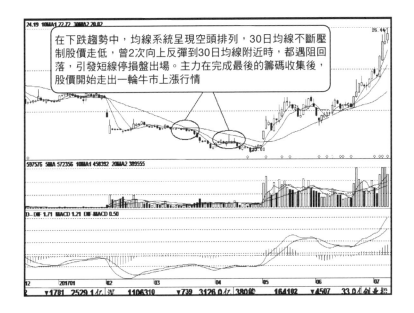

在下跌趨勢中，均線系統呈現空頭排列，30日均線不斷壓制股價走低，曾2次向上反彈到30日均線附近時，都遇阻回落，引發短線停損盤出場。主力在完成最後的籌碼收集後，股價開始走出一輪牛市上漲行情

　　不過，股價很快站穩回升，分別在4月12日和14日對30日均線發起2次攻擊，但股價到達30日均線附近時，無法突破30日均線，在股價回落過程中又有一批散戶擔心股價繼續下跌，而選擇出場觀望，這時主力全部通吃散戶賣盤。當主力成功完成建立部位計畫後，5月2日股價放量向上突破，成功開啟一輪牛市行情。

　　該股主力顯然是利用下降的30日均線壓力作用，放大這種壓力效果，形成股價突破失敗或無法突破的假象，製造虛假的向下加速走勢，使散戶感覺股價只是一次弱勢反彈而已，認定後市股價將繼續下跌，因此有不少散戶爭相在均線附近賣出股票。

壓力建立部位 2：趨勢假壓力

　　在實戰操作中，下降趨勢線一旦有效形成，將對股價構成重大壓力。股

圖表1-28 馬鋼股份（600808）的盤面走勢圖

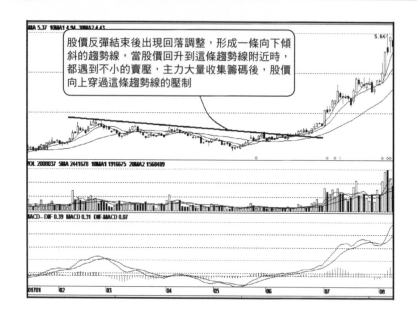

股價反彈結束後出現回落調整，形成一條向下傾斜的趨勢線，當股價回升到這條趨勢線附近時，都遇到不小的賣壓，主力大量收集籌碼後，股價向上穿過這條趨勢線的壓制

價回升到下降趨勢線附近時，大多遇到壓力而再次出現下跌走勢，因此趨勢線附近是一個賣出訊號。但是，這種情況經常出現許多虛假的現象，成為主力操控盤面的慣用手法。不少主力陷阱就發生在這裡，投資者應當綜合分析、研判，才能避免掉進主力的陰謀。

見圖表1-28，馬鋼股份反彈後逐波下跌，高點一個比一個低，形成一條向下傾斜的下降趨勢線，股價每次反彈到趨勢線附近時，都遇到強大的壓力而再次下跌，因此在趨勢線附近賣出是較好的停損點位。

但是，下降趨勢線終將有被突破的時候，特別是長期下跌後的低位，很容易被主力控制。在2017年5月底至6月初的走勢中，當股價再次反彈到趨勢線附近時，盤面同樣出現震盪走勢，上方顯得壓力重重，無力向上突破。

不少散戶看到這種情況後，認為股價上漲遇到趨勢線壓制而紛紛賣出操作，這樣主力就能輕鬆拿到低價籌碼。此後該股沒有出現下跌走勢，經過一段時間的蓄勢整理後，股價開始向上爬高，從此走出一輪上漲行情。

那麼，如何分析該股的主力手段？從圖表中可以看出，股價反彈到趨勢線附近時，主力故意在趨勢線附近磨蹭，使盤面產生股價上漲受阻的假象，誤導盤中散戶出場，同時警示場外的散戶慎重操作，不要輕易介入。於是，在趨勢線下方形成小幅盤跌走勢，逐步消化上方壓力。藉由一段時間的較量之後，消磨多空雙方的意志，最終放棄原來的計畫。

在實戰中遇到支撐或壓力時，主力常常採用消磨手法，最終將支撐或壓力消化殆盡。該股主力穩紮穩打，不急於攻克壓力，而是採用磨杵成針的手法，磨掉持股者的意志，消化上升壓力，最終成功完成建立部位計畫。

其實，從該股盤面分析，就能發現主力手段所在。雖然股價反彈遇到趨勢線附近時，看似遇到不小的壓力，但股價再次下跌的力道已大不如前，表示下方有一股承接力量。這股力量絕非散戶所為，因為散戶難以充當跌勢的中流砥柱，只有主力才能封堵下跌空間，這說明主力在這裡大量建立部位。而且，在震盪過程中成交量與前期相比明顯放大，顯示有資金在暗中活動，大多屬於建立部位量。

見下頁圖表1-29，同濟科技在震盪下跌過程中，形成一條下降趨勢線，股價每次反彈到這條趨勢線附近時都遇阻回落，無法形成有效的向上突破。散戶看到這種情況後，多數選擇在30日均線附近減少部位或出場。

從走勢圖中可以看出，2017年4月中旬，當股價回升到趨勢線附近時遇阻回落，股價再創調整新低。然後在5月上旬和7月中旬出現同樣的走勢，這時又有一批散戶逢高退出觀望，而一些已退出的散戶又不敢進場。經過幾次震盪後，主力就能輕鬆拿到大量的低價籌碼。從7月19日開始，股價連拉2個漲停板，成功向上突破下降趨勢線的壓力，從此開啟一輪牛市上漲行情。

其實，從價位分析股價經過長期的下跌調整後，已處於底部區域，下跌空間不會很大。透過這些盤面分析，能發現主力在此大量建立部位，投資者就可以積極進場與主力共舞。

在實戰操作中，當股價遇到趨勢線壓制時，對於其可靠性還可以從以下5個方面驗證。

（1）趨勢線經過的次級下降，頭部越多，越有意義。換句話說，股價回到趨勢線之上再度下跌時，如果下跌的次數越多，越可以確認趨勢線的有效性。

圖表1-29　同濟科技（600846）的盤面走勢圖

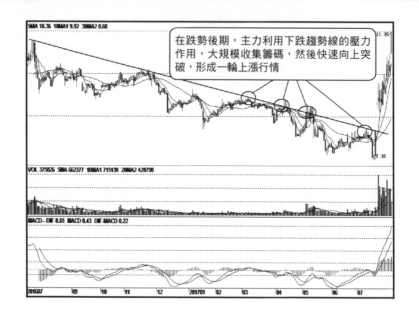

在跌勢後期，主力利用下跌趨勢線的壓力作用，大規模收集籌碼，然後快速向上突破，形成一輪上漲行情

（2）趨勢線延伸越長，股價離開趨勢線而停留在低價位一段時間後，才產生中級上升，並向趨勢線靠近才有意義。

（3）趨勢線和它的2個頭部連線形成的角度，是估量中級趨勢線的標準。一條角度陡峭的趨勢線，容易被一個橫向的整理形態突破，對技術分析來說，這條趨勢線的測量價值會降低。因此，發生突破時，投資者都應提高警覺並採取對策。

（4）在下降趨勢中，當股價上漲到壓力線附近時，若成交量萎縮，股價受阻的可能性較大，若放量上升，股價可能突破壓力線，進一步上漲，擺脫原先的下降趨勢。這種情況下，在壓力線附近賣出就是操之過急了。

（5）下降趨勢線並非固定不變，通常會隨著下跌行情的展開而改變斜率。因此，應根據實際情況適時調整下跌趨勢線，以便準確判斷行情走向，把握買賣時機。

圖表1-30　洛陽鉬業（603993）的盤面走勢圖

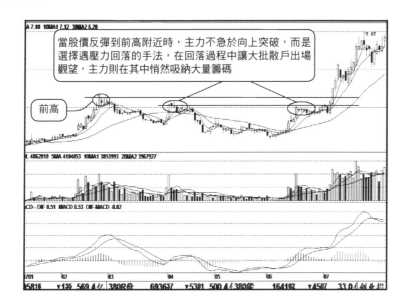

當股價反彈到前高附近時，主力不急於向上突破，而是選擇遇壓力回落的手法，在回落過程中讓大批散戶出場觀望，主力則在其中悄然吸納大量籌碼

前高

壓力建立部位 3：前高假壓力

　　股價在震盪過程中形成的階段性高點，對後市股價上漲具有重要的壓力作用，容易出現技術共鳴，在投資者心理也產生重要影響。當股價反彈到該位置附近時，散戶往往不約而同出脫持股，加上主力的陰謀詭計，盤面效果會更加突出而逼真，因此假壓力就會應運而生。

　　見圖表1-30，洛陽鉬業反彈結束後回落，形成一個明顯高點。2017年4月初，股價再次回升到高點附近時，明顯遇到壓力，股價回落漸漸走低。

　　不少散戶看到股價不能突破，而選擇出場觀望。這個期間，主力暗中悄悄吸納大量籌碼，然後在6月中旬股價回升到前期高點附近時，主力不急著向上突破，而是出現同樣的滯漲走勢，這時又有一批散戶在前高附近拋售出場。當主力成功完成建立部位計畫後，股價在7月6日開始放量向上突破，此後股價盤升而上，且中線走強。

　　那麼，該股的主力意圖是什麼？透過圖表分析可以發現，主力巧妙利用前期高點這個顯而易見的壓力位，製造虛假的技術圖形，讓散戶在前期高點附近賣出，實現自己建立部位的目的。

　　其實，只要認真分析盤面細節，投資者就能揭穿主力的意圖。當股價回升到前期高點附近時，雖然沒有出現突破走勢，但股價沒有出現大幅回落走勢。這從邏輯上來說有問題，大家不妨想一想，如果這是一個無法突破的壓力位，那麼股價就會很快回落，不會給散戶逢高出逃的機會，既然主力將股價長時間維持在壓力位附近震盪，等待散戶拋售，敢在這裡承接籌碼，那麼後市股價肯定有名堂。

　　投資者還可以再想想，如果這是一個真正的壓力位，奸詐的主力肯定會設置一個多頭陷阱，一口氣將股價衝到前期高點之上，在散戶感到股價突破壓力而紛紛跟進時，讓股價快速回落，將散戶全數套牢在高位之上。藉由這樣的假設，可以輕鬆看破主力手段。

　　見圖表1-31，柳鋼股份出現一波放量反彈行情後，回落震盪整理，經過一輪縮量下殺後，在2017年5月上旬出現快速拉高走勢，股價迅速回升到前高附近，但股價沒有形成突破走勢，而是出現快速回落。這時，不少散戶倉皇出場，主力悉數接走散戶的籌碼，隨後股價漸漸向上走高。

　　主力這麼做的目的，是利用前面已經出現的高點壓力，製造無法突破的假象，讓散戶主動出脫持股，藉此順利建立部位。因此，投資者在分析這類個股時，一定要做時空上的區分，不可一概而論。

　　透過分析上述2個實例，在實戰中遇到這類個股時，應注意以下3點。

　　（1）股價前期下跌幅度較大，累計跌幅超過50%，這時假壓力的可能性較大。如果在見頂後的下跌初期，或向下突破某個重要技術位置後，反轉確認時遇阻回落，可能是真正的壓力位。

　　（2）當股價遇到前期高點壓力後，沒有出現明顯的下跌走勢，可能是假的壓力位。相反地，當股價抵達壓力位附近時，出現快速回落，可能是真正的壓力位。

　　（3）在股價前期高點附近，成交量明顯放大，但股價始終不能突破，可能是真正的壓力位，主力在這裡誘多。理想的盤面形式是股價以溫和的形式，向上突破前期高點，這樣持續性會更強。

圖表1-31	柳鋼股份（601003）的盤面走勢圖

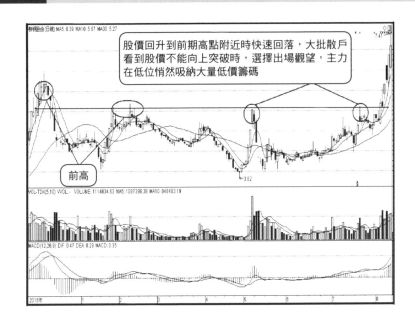

壓力建立部位 4：盤區假壓力

　　盤整區包括成交密集區，股價在某個區域出現長時間的震盪或巨大換手時，會形成一個盤整區或成交密集區，這個區域對後市股價的發展發揮至關重要的作用。

　　當股價由下向上回升到這個盤整區域附近時，通常會遇到較大的壓力而繼續調整走勢，特別是當股價無法向上突破這個區域時，該盤整區附近就是一個較好的賣出位置。但在實戰中，主力經常將盤整區域演變成虛假的壓力區，讓散戶產生股價突破無望的感覺，進而引發散戶賣盤出現，然後主力在這個位置下方大量吸納籌碼。

　　見下頁圖表1-32，盛和資源經過長時間的調整後，漸漸止跌站穩盤整，形成一個盤整區，主力在盤整區內高賣低買。

圖表1-32　盛和資源（600392）的盤面走勢圖

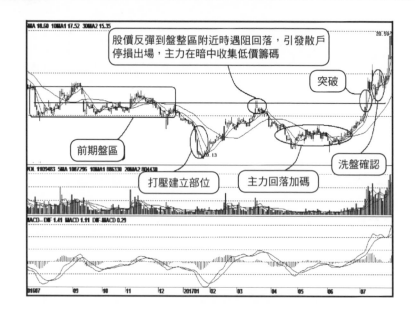

2017年1月中旬，主力採用打壓手法吸貨，股價向下擊穿盤整區低點支撐。然後股價站穩回升，但是回升到盤整區附近時，股價受到盤整區壓力而不能有效向上突破，底部獲利盤和前期套牢盤湧出，導致股價再次回落到前期低點附近。在股價回落過程中，有大批散戶選擇出場，主力卻在暗中吸納低價籌碼。當主力順利完成建立部位計畫後，7月7日股價放量漲停，一舉向上突破前期盤區和高點的壓力，從此開啟一輪上漲行情。

該股主力利用前期盤區的壓力作用，來完成建立部位、加碼計畫和洗盤整理，因為這個盤整區存在一定的技術壓力是不可爭議的，這也是投資者的共同看法。因此，當股價回升到這裡時，多數主力會在這裡要花招欺騙散戶，更多的是製造假的技術壓力，形成股價上漲遇到壓力而不能有效突破的假象，誤導散戶選擇出場，以此達到建立部位和加碼目的。

通常在這裡具有加碼和洗盤的意思，當主力完成啟動前的最後動作，就會等待時機進入主升段行情。需要注意的是，在這種盤面中，主力的主倉期

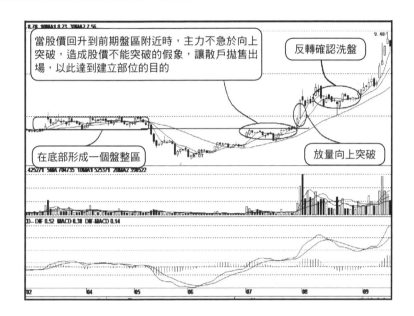

圖表1-33　通威股份（600438）的盤面走勢圖

圖中標註文字：
- 當股價回升到前期盤區附近時，主力不急於向上突破，造成股價不能突破的假象，讓散戶拋售出場，以此達到建立部位的目的
- 反轉確認洗盤
- 在底部形成一個盤整區
- 放量向上突破

大多在前面的盤整區及下滑過程中，後面只是加碼和洗盤的輔助過程，因此有時可能出現直接拉升的現象，投資者需要結合即時盤面走勢綜合分析。

　　見圖表1-33，通威股份經過長時間的下跌調整後，在底部形成橫向震盪整理走勢。在盤整震盪末期，主力採用打壓手法向下擊穿盤整區，然後股價漸漸站穩回升。

　　當股價回升到這個盤整區附近時，主力志在高遠，不急於向上突破，而是在前期盤區附近展開震盪走勢，這時不少散戶認為股價無法形成突破走勢，擔心再次下跌被套牢，進而選擇拋售出場。其實，圖表背後隱藏著重大的主力意圖，主力利用上方盤整區的壓力，故意放大壓力效果，誤導散戶拋售出場，以達到建立部位目的。

　　當主力完成建立部位計畫後，2017年7月31日股價放量漲停，一舉向上突破盤整區的壓力，然後經過反轉確認成功，股價進入新一輪上漲階段。

　　分析圖表可以發現3個技術疑點。一是股價前期調整時間長，累計下跌

幅度超過50%。二是股價遇到上方壓力後,沒有再次出現大幅下跌走勢,而是在前期低點附近站穩,說明股價下跌空間有限。三是股價能夠回升到盤整區附近,顯示下方有買盤介入,這不是散戶的零星買盤,應有主力持續吸納,才能使股價止跌站穩。所以,這是主力利用假的壓力位建立部位,投資者可以逢低跟進。

在上述2個實例中,主力利用散戶對上方壓力位的擔心和恐懼,採取反大眾心理的方式吸貨。由於大多數的散戶渴望暴富,看到短期股價久攻不破時,就會對股價不抱希望,最終在低位賣出股票,十分可惜。在這個股市裡,牛股天天有,但總是與缺乏分析的人擦肩而過。只要認真分析盤面細節,觀察盤面變化,就能看穿主力的意圖。

這2個實例的共同點是,股價已經處於低位,前期股價下跌幅度大,調整時間長。而且,當股價向下脫離成交密集區後,沒有出現持續的下跌走勢,值得懷疑。另外,股價能夠在壓力位附近長時間震盪,說明有一股力量支撐著股價,這也是非常重要的盤面分析要點。

第 2 章

了解主力「建立部位」的實戰，穩穩存好股

2-1 主力藉由低位漲停與跌停的特徵，使出詭計快速吸籌

低位跌停的意圖：誘空出場

股價跌停意味著股價有加速下跌之勢，令人心寒，但出現在大幅下跌後的低位時，不一定是壞事，它可能是一個空頭陷阱，表明主力在刻意打壓股價，以逢低吸納廉價籌碼。在實戰操作中，總有一些散戶被主力矇騙，恐慌地賣出籌碼。那麼，主力如何利用股價跌停吸貨？

見圖表2-1，鹽湖股份的股價見頂後大幅下跌，主力不斷壓制股價上漲，在低位形成一個盤整區。2017年4月17日再次向下破位後，股價不斷向下探求底部支撐，直到做空動能完全衰竭，才漸漸站穩回升。

不過，股價經過小幅反彈之後，在7月17日開低走低直至跌停收盤，同時跌破30日均線的支撐，股價又回落到前期低點附近，在盤面上形成極大恐慌。不少散戶擔心股價破位下跌，便在跌停板價位上掛單賣出。主力多次開板，不斷在跌停板位置吃進散戶賣單，因此第2天股價沒有持續下跌，而是站穩後漸漸向上推高。經過回檔整理後，9月8日開始股價快速上漲。

主力利用低位跌停板誘導散戶賣出，這種吸貨方式在實戰中經常遇到。主力在低位把股價打到跌停板價位，然後故意在跌停板上堆放較大的賣單，這時有些散戶看到賣盤這麼大，認為短期股價難有回升行情，因此加入拋售行列。

這樣盤面上的賣單基本上沒有明顯變化，但主力的賣單已改掛在後面，而排在前面的賣單都變成散戶的。主力很清楚盤面上的賣單有多少是自己的，有多少是散戶的。主力根據散戶的賣單大小，悄悄接走散戶的賣單，按

圖表2-1　鹽湖股份（000792）的盤面走勢圖

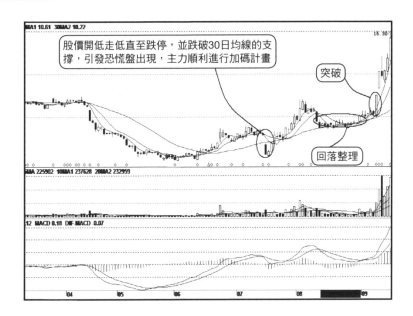

照「時間優先原則」，散戶的賣單會很快成交，於是主力在跌停板位置可以輕鬆拿到散戶的籌碼。

當散戶的賣單漸漸減少時，主力又封上一筆賣單，再次誘導散戶跟風賣出，然後又撤單，再次吸納。這樣反覆操作，可以達到低位吸貨的目的。因此，在低價位區，如果一檔股票跌停後又多次打開，且成交量較大，十有八九是主力的吸貨行為。

可見得，在股價有較大幅度的下跌後出現跌停時，大多是空方的最後一跌，股價隨時有見底回升的可能。雖然無法使股價立即上漲，但至少說明股價的下跌力道已經很弱，下跌空間也不大。這時，應以逢低吸納為主，在股價走強後可以加碼買進。這種操作手法反映主力在盤中製造恐慌氣氛，以便在低位吸取更多廉價籌碼。

這時主力無意做空，股價將很快出現站穩回升走勢。這類股票一旦轉強，就會引來更多買盤，股價將出現較大的上漲行情。因此，散戶千萬不要

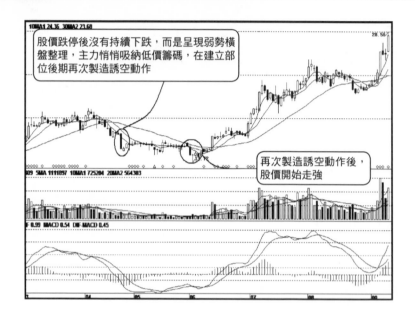

盲目追漲殺跌，而要仔細觀察盤面，確認跌停後是否迅速關門，並觀察成交量大小、換手率高低，再決定操作方向。

見圖表2-2，億緯鋰能股價反彈結束後回落。2017年4月24日股價開盤破位後逐波下跌，收出一根放量跌停大陰線，K線圖形十分悲觀，恐慌氣氛加劇。不少投資者認為股價會大跌，而紛紛賣出操作。

不過，股價沒有出現大幅下跌走勢，第2天就站穩盤整，主力在盤整過程中大量吸納低價籌碼，股價在建立部位後期再次向下打壓，製造誘空動作，然後緩緩向上回升，從此走出一波上漲行情。

從走勢圖中可以看出，股價跌停後沒有持續下跌，而是在跌停價位附近維持弱勢震盪，給散戶造成不少壓力，認為跌停後的弱勢震盪是下跌中繼整理走勢，股價有可能再次出現新的跌勢，心想早一天出場、少一份損失，因此選擇出場。如此一來，主力就可以順利完成建立部位計畫。

其實，從技術方面分析會發現以下3個疑點。

（1）股價的調整時間長，下跌幅度大，做空動能得到較好的釋放，向下調整空間已經不大。

（2）股價沒有擊穿前期低點的支撐，可以觀察該位置的盤面反映。

（3）股價沒有出現持續下跌走勢，這點非常重要，出現一根跌停大陰線，股價卻沒有持續下跌，可謂雷聲大、雨點小，表示下跌氣勢不大，做空力量不強，是空頭陷阱。

在實戰操作中，投資者遇到低位跌停時，應掌握以下4個技術要點。

（1）股價跌停出現在大幅下跌的末期，累計跌幅超過50%，或出現階段性暴跌走勢，說明空方短期能量消耗過大，股價隨時迎來超跌反彈或反轉上漲行情。

（2）在跌停當天，成交量異常。如果在接下來的走勢中，股價繼續弱勢下跌，但下跌動力逐步減弱，且成交量持續萎縮，可以判斷為主力在誘空吸貨，在股價下跌站穩時，可以逢低買進。

（3）若在跌停當天放出巨大成交量，掛在賣一位置的大量賣單被吃掉，表示盤中出現大量的主動買盤。當賣一位置的掛單成交後，又有大手筆賣單掛出，如此反覆出現，讓散戶感到賣壓沉重，就可以確定是主力在誘空吸貨。

（4）在低位出現股價跌停時不要殺跌，因為這往往是主力的誘空行為。這類個股最容易讓意志不堅的投資者上當。許多投資者因為沒有控制好心態，看見股價快速下跌就跟著出場，因此虧損。

低位漲停的意圖：高興出場

股價漲停是投資者最樂見的事，因為它能夠帶來巨大獲利。那麼，主力如何利用漲停板吸貨？

在實戰操作中，有的股票開盤後股價直奔漲停板，並且瞬間堆放大單封盤，接著主力用巨量賣單打開漲停板。這時，散戶一看股價即將打開漲停板，認為主力封盤不堅決，擔心股價再次下跌而急忙出脫股票。

有的股票早上直接從漲停板價位開盤，一網打盡所有集合競價賣單。這

圖表2-3　　華資實業（600191）的盤面走勢圖

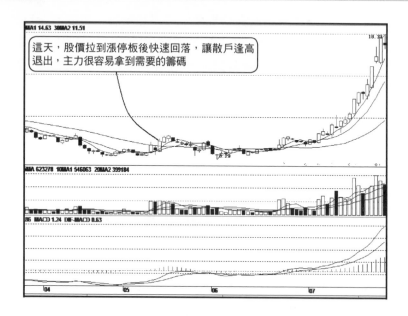

這天，股價拉到漲停板後快速回落，讓散戶逢高退出，主力很容易拿到需要的籌碼

時，散戶看到股價大幅開高，便決定獲利了結。而且，主力在漲停板位置反覆打開又封盤、封盤又打開。如果第2天在收盤價附近再震盪一下，散戶很容易賣出股票，以求落袋為安，主力就可以輕易拿到籌碼。

　　見圖表2-3，華資實業經過長時間的下跌調整後，股價到達底部區域，這時主力開始逢低吸納低價籌碼，可是低位拋售籌碼不多，很難如期完成建立部位計畫。於是，主力在2017年5月12日快速將股價拉到漲停板，但是不封盤，而是在高位橫向震盪，給散戶一個出場機會，這樣主力就可以大量收集籌碼。

　　這個漲停板暴露主力的建立部位手段，從盤面不難看出以下3個疑點。

　　（1）漲停來得突然，沒有任何技術方面的啟動跡象，意外上漲，空穴來風。

　　（2）股價處於盤整中，上方壓力較大，受到前期盤區的制約，不可能出現持續上漲行情。

圖表2-4　凌鋼股份（600231）的盤面走勢圖

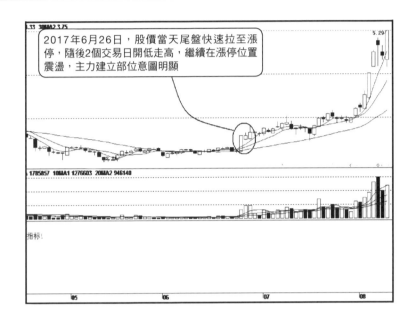

> 2017年6月26日，股價當天尾盤快速拉至漲停，隨後2個交易日開低走高，繼續在漲停位置震盪，主力建立部位意圖明顯

（3）漲停後的第2天出現震盪走勢，上漲勢頭遭到質疑。

　　由此可見，這是主力明顯拉漲停建立部位的行為，主力送散戶紅包，誘導散戶在這裡逢高退出。當然，短線技術高手遇到這樣的盤面時，會先逢高出場觀望，然後等待回檔低點重新介入，成功做價差。

　　在實戰中，出現以下現象要注意：當天股價漲停後，盤面封得很死，沒有打開過，但第2天或隨後幾天股價卻在漲停板價位之下運行，這種走勢與當天在漲停價位反覆開板的意義一樣。

　　見圖表2-4，凌鋼股份的股價反彈結束後，繼續回落到前期低點附近，主力在底部吸納一部分低價籌碼後，於2017年6月26日臨近收盤時，快速掃單將股價拉到漲停板。當天主力沒有在漲停位置打開，可是隨後2個交易日都小幅開低走高，股價在漲停板位置反覆震盪。

　　這種方式與分時走勢中多次開板發揮的作用一致，同樣是吸貨行為，此

後股價穩步向上推高，走出一輪快速上漲行情。

💰 揭開主力利用漲停、跌停設下的陷阱

那麼，如何分析漲停、跌停的後市走勢？一些控盤主力經常利用漲停、跌停的方式，欺騙、誘導廣大投資者落入其事先設好的圈套。主力之所以能利用漲停、跌停設置圈套，主要是因為漲停、跌停有以下4個技術特徵。

（1）封住漲停板時的買盤數量大小，以及封住跌停板時的賣盤數量大小，說明買賣雙方力量的強弱。封盤數量越大，繼續原有走勢的機率越大，後續漲跌的幅度也越大，而封盤數量越小則相反。

（2）漲停的成交量小，將繼續漲升。跌停的成交量小，將繼續下跌。

（3）漲停途中被打開的次數越多、時間越久且成交量越大，行情反轉下跌的可能性越大。同理，跌停途中被打開的次數越多，時間越久，且成交量越大，行情反轉上漲的可能性就越大。

（4）漲停封住的時間越早，後市漲升的力道就越大。跌停封住的時間越早，後市下跌的力道就越大。

主力充分利用這些漲停、跌停的特徵迷惑散戶。在具體操作中，主力如果想出貨，會先以巨量的買單封住漲停板，充分吸引市場人氣。原本想拋售的散戶因此改變計畫，其他散戶則以漲停板的價格追漲，這時主力會藉機撤掉買單，掛上賣單，於是很快將部位轉移到散戶手中。

當盤面上的買盤消耗得差不多時，主力又會在漲停板上掛出買單，進一步誘惑散戶，製造人氣旺盛的假象。當散戶再度追入時，主力又開始撤去買單排到後面。主力如此反覆操作，使籌碼在不知不覺中高位兌現，確保自己順利出場，散戶則被套牢。

同理，如果主力想買進籌碼以達到建立部位的目的，會先用巨量賣單封住跌停板，充分製造空方的效應氛圍，打擊市場人氣，促使場內散戶賣出籌碼。在嚇出大量賣盤之後，主力先撤掉原先掛上去的賣單，讓在後面排隊的賣單排到前面，自己則開始逐漸買進。當主力即將把場內的賣單吸納完畢時，會重新在跌停板上掛出巨量賣單。主力如此反覆操作，保證能夠增大持

股量。

　　在這種情況下，散戶見到的巨量買賣單都是虛假的，不足以作為判斷後市行情發展的依據。在實戰操作中，為了避免被上述現象誤導而做出錯誤決策，必須密切關注漲停、跌停後的買賣單微妙變化。

　　同時，也必須判斷是否存在頻繁的掛單撤單現象，例如：漲停、跌停是否被正常打開，以及每筆成交量之間的細微變化，還有當日成交量的增減情況等。根據這些現象做出正確判斷，相應地調整操作方法，以免掉入主力設下的陷阱。

2-2

想知道主力何時下大單買賣，你要關注 2 種盤面現象

　　大單是指某個時段中，委比嚴重偏離，甚至達到極限值（-100%或＋100%）。委比是衡量某個時段內買賣盤相對強度的指標，它的取值範圍在-100%到＋100%，＋100%表示全部的委託都是買單，也就是漲停板時只有買單而無賣單委託，而跌停時為-100%。委比為0時，表示買進托單與賣出壓單相等。委買張數為所有個股委託買進檔的總數量，而委賣張數為所有個股委託賣出檔的總數量。

　　本節將解說2個盤面現象，幫助讀者了解主力大單的意圖。

盤面現象 1：大單壓盤與大單買進

大單壓盤

　　壓盤是指某個時段中，委賣量大大超過委買量，而實際買進成交單不大，顯示賣盤強、買盤弱，股價難有起色。一般來說，大單壓盤只表示買進和賣出意願的不平衡程度，不能反應股票的活躍度。想知道活躍度，還是要看股票的換手率，且壓單是隨時變化的。

　　見圖表2-5，委賣量遠遠大於委買量，委比值達到-73.68%。顯示盤中賣壓較重，空頭氣勢強，市道較弱，容易出現賣盤，主力順利吸納籌碼。

　　（1）**大單委託賣出**。股價上衝幾個價位後，主力故意在賣盤上掛出不能成交的大賣單，嚇唬跟風盤以顯示賣盤洶湧。同時壓制股價上漲，用少量籌碼向下壓價，使投資者以為主力在出貨，而將手中籌碼壓低幾個價位拋售，主力就可以從容吸收。當這個價位沒有賣盤後，主力再改掛高一點的價

圖表2-5	委賣量大於委買量，顯示賣壓較重

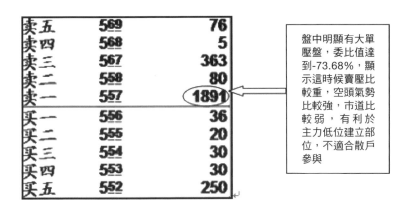

盤中明顯有大單壓盤，委比值達到-73.68%，顯示這時候賣壓比較重，空頭氣勢比較強，市道比較弱，有利於主力低位建立部位，不適合散戶參與

位繼續收集。這筆掛單通常是幾百張甚至幾千張，而且故意出現在盤面上，但一般不會掛留太久，否則極可能被其他大戶搶走。

　　一般情況下，主力會在賣盤處（特別是賣三處）掛一些相對較大的賣單，讓短線散戶看不到股價上升的希望，然後主力的買盤不斷捲走賣二、賣一處的賣單。

　　如果主力很有耐心，最終會出現連續多日股價難漲，但買盤不斷捲走籌碼的過程。大盤趨勢穩定時，會導致股價出現平台走勢；大盤走勢疲態時，由於主力壓盤，導致股價走下降趨勢。如果主力性情急躁，會出現拉高掃盤的吸籌方法，但掃完賣盤之後，會擇機再將股價打回原形或更低的位置，即使有一些浮動虧損也在所不惜。

　　在低迷的狀況中，某日股價有所異動，在賣盤上掛出巨大賣單，買單卻比較少，這時如果有資金進場吃掉掛在賣檔的壓單，可視為主力建立部位的動作。注意，這時的壓單不一定是有人在賣出，有可能是主力自己的籌碼，在吸引投資者注意。這時，如果持續出現賣單掛出便被吃掉的情況，可以反映主力的實力。

　　投資者要注意，如果想參與，千萬不要跟風買進賣盤，可以等到大賣單不見，在股價回檔時再進場，避免當日追高被套。有時主力在賣盤掛出大單

是為了嚇走持股者，但在低位出現上述情況介入，通常風險不大，主力向上拉升的意圖明顯，短線有被淺套的可能，不過最終將有所獲利。

與此相反，如果在個股被炒高之後，盤中常見巨大賣單，而買盤不濟，就要注意風險，通常在這時退出，可以有效避開風險。

（2）**大單壓盤的目的**。在實戰操作中，經常遇到一支基本面良好的股票，股價也不算高，大盤環境也不差，但股價就是不冷不熱，不怎麼漲也不怎麼跌，不時在賣檔出現大單壓盤。這通常是主力吸貨所致，或者根本沒有主力（這種情況非常少見）。大單壓盤具有攔截、阻止、恐嚇、打壓等作用，目的是給上漲的股價降溫，總結來說是誘空之意。有時主力部位過重，或拉升資金不足，或高賣低買，減掉部分部位也是主力的用意。

大單壓盤的主要目的有6個。一是當股價處於低位時，大單壓盤一方面誘空建立部位，另一方面表示建立部位結束，故意掛單測試市場跟風情況，然後決定下一步計畫。二是當股價處於拉升過程中，大單壓盤一方面控制上漲節奏，放緩上漲速度，另一方面誘空洗盤，提高持股成本，加強鎖定籌碼，方便後期拉升。

三是主力不願意讓股價上漲過快，因為這不利於降低成本。四是避免過多的跟風盤和施壓空方。五是故意將股價鎖定在關鍵點位，造成一種不被突破的假象。六是主力攻守兼備的操作方式，特別是在較重要的技術位置附近，利用大單壓盤達到建立部位效果。

（3）**大單壓盤的盤面現象**。大單壓盤在分時圖中的表現有3個，一是壓了撤、撤了壓，反覆多次進行，讓散戶受不了而出場；二是在賣一位置堆放大單，長時間不動，讓極小的買單蠶食；三是在賣一位置掛出大單後，在很短的時間內被大買單吃掉，股價小幅上衝後再次回落到該位置附近，同樣出現大單壓盤現象，最終當天股價沒有上漲。

引起大單壓盤的原因大致有：主力耐心吸貨、遇到大戶賣盤、幾個主力內鬨、主力實力弱小等。主力大多會選擇大盤強勢、類股上漲或散戶買盤積極時，進行大單壓盤吸貨。

經過大單壓盤後，場內浮動籌碼會出現不安分的情緒。隨後，如果主力再將股價拉高或打壓幾個價位，浮動籌碼會紛紛傾巢而出，這樣主力就能達到吸貨或洗盤的目的。

| 圖表2-6 | 研判股價所處位置，判斷是否大單吸貨 |

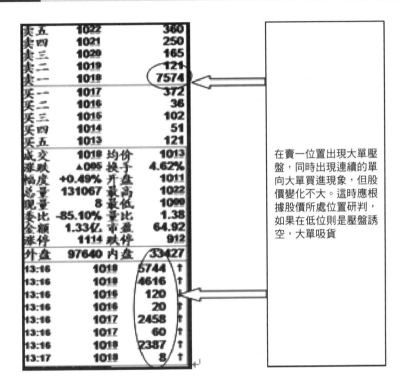

在賣一位置出現大單壓盤，同時出現連續的單向大單買進現象，但股價變化不大。這時應根據股價所處位置研判，如果在低位則是壓盤誘空，大單吸貨

大單買進

　　大單買進是指在某個時段中，盤面出現較大的買進成交單，但是股價不漲或小漲，出現量價失衡現象。大單買進與大單壓盤同步，有時出現連續的大單買進。

　　從圖表2-6可以看出，在賣一位置出現大單壓盤，同時有連續的單向大單買進現象，但股價變化不大。這時應根據股價所處位置研判，若在低位出現，大多是主力壓盤誘空，屬於大單吸貨行為。

　　大單買進是為了操縱股價、誘導股市，在股票處於不同價位區時，有不同的作用。當股價處於剛啟動不久的中低價位區時，主動性買盤較多，盤中出現壓單時，往往預示著主力有做多意圖，可以考慮買進追勢。若出現大單

壓盤的同時，又有持續的大單買進，而股價不跌也不漲（或小漲），那麼主力壓盤吸貨的可能性偏大，往往是大幅漲升的前兆。

當股價升幅已經較大且處於高價位區時，盤中出現壓單，走勢卻價平量增，就要留意主力高位出貨。如果這時大單壓盤較多，同時又伴隨大單買進，而股價變化不大，往往預示即將出現頭部，股價將下跌。主要有以下7個盤面現象：

（1）**連續單向大單買進**。這種現象顯然非中小投資者所為，而主力也不會輕易買賣股票。這通常有2種盤面現象，一是壓單不大，但在成交明細欄中持續有大單買進成交，股價小漲或不漲，也就是隱性買盤，多為主力對敲所致。二是壓單較大，同時出現持續大單買進，股價變化不大，多是主力積極活動的徵兆。如果漲跌相對溫和，通常是主力逐步增加部位所致。

（2）**大單掃盤**。在漲勢中常有大單從天而降，將賣盤掛單連續悉數吞噬，股價持續上漲。在股價剛形成多頭排列且漲勢初起之際，若發現有大單一下連續橫掃多筆賣盤時，預示主力正大舉進場建立部位，或股價即將啟動行情，是投資者跟進的絕佳時機。

（3）**隱性買賣盤**。在買賣成交中，有的價位沒有出現在委買、委賣掛單中，卻在成交欄裡出現大單，這就是隱性買賣盤，其中經常蘊含主力的蹤跡。出現單向整數連續隱性買單，而掛盤無明顯變化，通常是主力拉升初期的試盤動作，或是出貨初期啟動追漲跟風盤。一般來說，在上有大單壓盤時，出現大量隱性主動買盤（特別是大手筆），這時股價變化不大，則是大幅上漲的前兆。在下有大單托盤時，出現大量隱性主動賣盤，這時股價變化不大，往往是主力出貨的跡象。

（4）**低迷期的大單買進**。當股市長期低迷時，某日盤面異動，賣盤上掛出巨大賣單，而買單較少。這時如果有資金進場，吃掉掛在賣檔的壓單，可視為主力建立部位的動作。當然，這時的壓單不一定是有人在賣出，有可能是主力自己的籌碼，在造量吸引散戶注意。大牛股在啟動前，時常出現這種情況。

（5）**盤整時的大單買進**。在平穩的運行過程中，突然被盤中出現的大賣單砸至跌停板附近，隨後又被快速拉起，或者股價被突然出現的大買單拉升，然後又快速歸位。這表明有主力在其中試盤，主力向下賣盤，是在試探

底部基礎的穩固程度，然後決定是否拉升。該股如果一段時間總是收下影線，那麼向上拉升的可能性大，反之則出逃的可能性大。

（6）**下跌後的大單買進。**股價經過連續下跌後，在盤中出現持續的大單買進，這是絕對的護盤動作，但不意味著該股後市止跌。因為股價只靠護盤是護不住的，最好的防守是進攻，主力護盤說明實力欠缺或環境欠佳，否則可以推升股價。這時，股價往往還有下降空間，但投資者可留意該股，因為主力已經不讓股價下跌。一旦市場轉強，這種股票往往一鳴驚人。

（7）**無徵兆的大單解讀。**通常，無徵兆的大單多為主力干預股價的運行狀態所致。如果是連續大單個股，現行運作狀態有可能被改變。如果是不連續的，也不排除是資金大的個人大戶或小機構所為，其研判實際意義不大。如果股價處於低位，買單盤面中出現層層大買單，而賣單盤面只有零星小單，但突然盤中不時出現大賣單炸掉下方買單，然後又快速掃光上方賣單，這時可理解為吸貨震盪。

在實戰中解讀盤面語言的核心，是觀察委買盤和委賣盤。主力經常在盤中掛出巨量的買單或賣單，引導股價朝某個方向運行。許多時候，大資金會利用盤面掛單技巧，引誘散戶做出錯誤的買賣決定，委買賣盤經常失去原有的意義。

比方說，有時刻意掛出大的賣盤動搖持股者信心，但股價反而上漲，充分顯示主力刻意示弱、欲蓋彌彰的意圖。因此，盯住盤面是關鍵，這將使投資者及時發現主力的一舉一動，進而把握買賣時機。

⑧ 盤面現象 2：大單托盤與大單賣出

大單托盤

托盤是指某個時段的委買量大幅超過委賣量，但實際賣出成交單不大，顯示買盤強、賣盤弱，股價難以下跌。如果在買檔位置長時間掛有大買單，這個買檔的數量比其他位置的賣單加起來還大，就屬於明顯的大單托盤。

在熊市中，大單托盤是為了給場內散戶信心，股價一旦鬆動，在散戶信心不強時堆出大單托盤，便能發揮穩定軍心的作用。

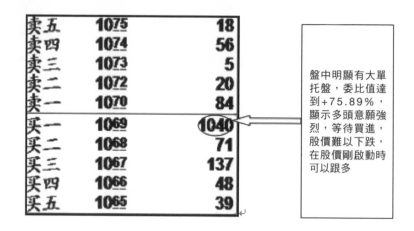

圖表2-7 盤中大單托盤明顯，顯示多頭意願強

賣五	1075	18
賣四	1074	56
賣三	1073	5
賣二	1072	20
賣一	1070	84
買一	1069	1040
買二	1068	71
買三	1067	137
買四	1066	48
買五	1065	39

盤中明顯有大單托盤，委比值達到+75.89％，顯示多頭意願強烈，等待買進，股價難以下跌，在股價剛啟動時可以跟多

很多投資者認為，買進位置出現明顯大單是主力有意的護盤行為，因此堅定持股不動。但在牛市中，出現買進大單時，會刺激原本正在關注該股而猶豫不決的人，誘使更多投資者爭相買進。通常大單托盤只是說明買賣意願的不平衡程度，不能反映股票的活躍度，活躍度還是要看換手率，且托單是隨時變化的。

見圖表2-7，委買量遠遠大於委賣量，委比值達到＋75.89％，顯示盤中買氣強盛。這種情況若出現在牛市初期，預示股價將啟動，若發生在大幅上漲後的高位，疑似主力出貨行為，應謹慎操作。

（1）**大單托盤**。在買檔中，如果買方的數量比賣方更有優勢，那麼關注這檔股票的投資者會認為該股的托單力量較強，更傾向於看多。股價先下跌幾個價位後，主力在買檔處墊上大單，再打出一大筆賣單，逐步消化買盤。然後，在稍低一點的價位同樣墊上大單，再打出大筆賣單。如此反覆，讓投資者誤以為主力出貨而出場。

但需注意，股價在這種情況下不一定能馬上站穩回升，因為在股價下跌過程中，光靠主力護盤是護不住的，一般股價還會有小幅下跌空間。這時應密切注意，一旦市場轉強就會有不錯的表現。

　　如果一天內偶然出現大單托盤，有可能是其他大戶所為。如果盤面連續出現大單托盤，可以斷定是主力刻意操縱股價的行為。

　　（2）大單托盤的目的。實戰中經常遇到股票在盤中出現大單托盤，但股價變化似乎不大，這到底是怎麼回事？其實，這是因為大單托盤具有攔截、阻止、震懾、拉抬等作用，一般出現在股價上漲初期突破區和上漲中期洗盤區。這個現象在個股不同階段和不同市況下有不同意義。

　　對主力來說，大單托盤一般有4個作用：第一，在個股處於階段性下跌時，大單托盤通常是為了減少賣壓而製造的短線誘多行為。第二，在個股處於階段性上漲時，買檔中如果經常出現連續大單托盤，通常是為了吸引散戶跟風，減輕上升壓力的行為。第三，在大盤整體趨勢看壞時，個股買檔中的大單托盤，通常是主力為了減少賣壓而做出的護盤行為。

　　第四，股價高位出現大單托盤，通常有2個用意：一是部分出貨；二是洗掉舊散戶，吸引新散戶，透過提高散戶成本，進一步鎖定籌碼。多數情況下，在股價高位出現大單托盤時，屬於騙線行為。在高位如果不放量，要特別謹慎。這時主力往往藉由單筆或幾筆大單拉升股價，吸引散戶跟風，達到暗中出貨的目的。從投資行為來看，沒必要參與股價後市不放量突破盤整區的股票，而放量跌破盤整區則要出場。

　　大單托盤還有一個最基本的功能——試探作用。大多時候是主力想在這種狀態下觀察場內投資者的狀況，如果這時買盤踴躍，那麼主力得到的回饋資訊是籌碼鎖定良好，主力近期很有可能策劃拉升行情。如果在大單托盤時仍然出現較大的賣盤，就是主力護盤行為，目的是遏止股價下跌，也有暗示散戶的作用。

　　（3）大單托盤的盤面現象。當股價處於剛啟動不久的中低價位區時，主動性買盤較多。盤中出現托單時，往往預示著主力有做多意圖，可考慮買進追勢。若出現大單托盤的同時，又出現持續的大單賣出，但股價變化不大，那麼主力托盤吸貨的可能性較大，往往是大盤見底的前兆。

　　當股價升幅已經較大且處於高價位區時，盤中出現托單，走勢卻價平量增，就要留意主力誘多出貨。若這時大單托盤較多，同時又伴隨大單賣出，股價卻變化不大，則預示即將出現頭部，股價將下跌。

　　大單托盤在分時圖中的表現有4個現象。第一，在低位撤單後再托單，

反覆多次進行，股價變化不大，多為主力吸貨動作，散戶在迷茫中出場。第二，在買檔位置堆放大單，長時間不動，少量賣單賣出，多為主力吸貨行為。第三，在買檔位置掛出大單後，短時間內被大賣單打掉，股價小幅下跌後，再次回升到該位置附近，同樣出現大單托盤現象，最終當天股價沒有下跌。第四，在買檔位置掛出大單，同時出現大單賣盤，如果股價沒有下跌，多為主力吸貨行為，如果股價出現下跌走勢，多為主力誘多出貨行為。

主力大多會選擇大盤弱勢、類股下跌或散戶賣壓較大時，進行大單托盤吸貨。經過持續的大單托盤後，市場出現分歧，盤面異常波動，主力陰謀便順利得逞。

大單賣出

大單賣出指在某個時段中，盤面出現較大的賣出成交單，但股價不跌或小跌，出現量價失衡現象。大單賣出與大單托盤同步，有時出現連續的大單賣出。

見圖表2-8，從圖中可以看出，在買一位置出現大單托盤，同時出現連續的單向大單賣出現象，但股價變化不大。這時應根據股價所處位置研判，若在低位出現時，大多是主力透過大單賣出進行誘空，屬於大單吸貨行為。主要有以下5種盤面現象。

（1）**連續單向大單賣出**。這種情況一般有2個盤面現象，一是托單不大，但在成交明細欄中有持續大單賣出成交，股價小跌或不跌，一般多為主力對敲所致，具有誘空意義。二是托單較大，同時出現持續大單賣出，但股價變化不大，多是主力製造虛假的成交量，期待引起市場注意，在低位時多為誘空，在高位時多為誘多。

（2）**大單賣盤**。在買檔出現大單托盤，同時出現大單賣出，將托單一一賣掉，然後在下一個價位再次托盤，再次被賣出。

這種現象出現在低位時，托單是為了吸貨，賣盤是為了誘空；在漲幅不大的中位時，托單是為了換手，賣盤是為了洗盤整理；在漲幅較大的高位時，托單為護盤之意，賣盤為主力大舉出貨行為。因此托單與賣盤並舉，具有雙重意義。投資者在分析這種盤面時，不可以重此輕彼，否則容易失誤。

圖表2-8　低位出現大單托盤，多屬於大單吸貨行為

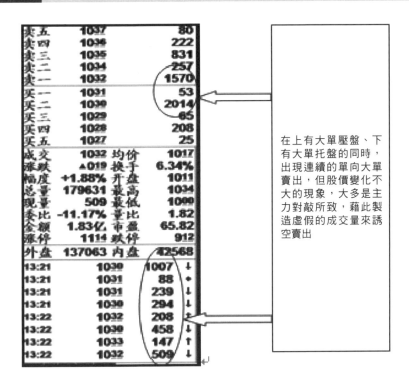

在上有大單壓盤、下有大單托盤的同時，出現連續的單向大單賣出，但股價變化不大的現象，大多是主力對敲所致，藉此製造虛假的成交量來誘空賣出

（3）**低迷期的大單賣出。**當股市長期低迷時，某日盤面異動，買盤上掛出巨大托單，而同時出現大單賣出。當股價上漲一個價位後，再次出現大單托盤，不斷推高股價。

這種情況大多出現在建立部位末期，後市可能出現2種現象：一是股價突破底部區域，直接進入拉高階段；二是小幅上漲後回落，屬於試盤行為。

（4）**盤整時的大單賣出。**在平穩的運行過程中，突然被盤中出現的大賣單砸至跌停板附近，隨後又被快速拉起，或者股價被突然出現的大買單拉升，然後又快速歸位。這表明有主力在其中試盤或建立部位，主力向下賣盤，是在試探底部基礎的穩固程度，然後決定是否拉升。

（5）**下跌後的大單賣出。**股價連續下跌一段時間後，在盤中出現持續

的大單賣出，這是典型的誘空動作。

主力利用散戶對前期股價下跌走勢心有餘悸時，繼續製造恐慌盤面，誘導散戶低位出場。但這不意味著後市止跌回升，因為股價需要一段時間恢復上漲元氣，因此有一個築底整理的過程。

盤面分析技巧

在盤面委託買賣單中，蘊含許多真真假假、虛虛實實的市場訊息，正確識別盤面委託買賣單對實戰具有重要意義。簡單來說，大單是股價異常波動的訊號，多數時候是主力向散戶表達股價將朝某個方向變動的訊號，以吸引散戶跟風，而主力真正的吸貨和出貨則是悄悄進行，不會讓散戶察覺。

所以在出現大單時，要根據市場強弱、股價高低、運行趨勢、主力意圖等情況分析，不一定是放量拉升就可以進入（例如短期高位），也不一定是放量下跌就應該賣出（例如短期低位，往往是最後一跌）。以下是7個盤面分析技巧。

（1）**分析股價位置**。主要還是要結合當前股價所在位置，以及在某個價格區間運行的時間。在低位橫盤較久，出現大量的大買單時，一般可以確定主力開始想要拉升。如果這時跟著出現很多大賣單，可能是主力繼續吸納籌碼，這時要結合買賣單的比例去判斷是否跟進。在高位時出現大量的買單和賣單，極可能是主力在利用對倒做出成交量，吸引散戶追高，散戶這時要小心主力暗中出貨。

股價在相對低位時，盤面在幾分鐘內出現連續大買單（普通交易單的3倍以上），可以認定是主力吸貨行為。但股價在低位啟動時，成交量短時間內放出大量，出現大量隱性買賣大單，這時候應認為是對倒盤。

大單買賣如果在買二、買三左右有大單托著，在賣二、賣三左右有大單壓著，應該是主力在控制股價。這時具體要看股票的現行趨勢，若在上升趨勢中，應該是主力在吃貨，在下跌趨勢中則可能是在出貨。

（2）**觀察盤面細節**。委託買單，多數情況屬於誘多手法，股價會越來越低。少數情況屬於護盤動作，但後市股價仍以下跌居多。委託賣單，多數情況屬於壓盤吸貨，少數情況屬於出貨。有時也會出現上下都有大單的時候，但成交的量很少，表示主力完全控盤。

　　具體關注以下6個盤面現象：一是盤中突然有大賣單打壓股價，低位又有大買單接走。通常是主力在調整部位，可適當追蹤，該股就快拉升了。二是大買單掃盤，一下子把股價拉上幾個價位的大筆買單，把委賣單全部掃掉，主力拉升股價的意圖明顯，表明拉升行情就要開始。三是委賣位的大單，經常在價格的整數位出現，主力掛單的意圖為顯示賣壓沉重，造成散戶恐慌賣盤，主力因部位不夠而吸貨。

　　四是委買位的大單，經常出現在價格的整數位，主力在穩定散戶信心，在股價下跌中護盤，防止走了散戶、套了自己。五是委賣、委買的某2個價位堆著大單，股價走勢平穩，說明仍在整理中，拉升要等待時機。第六，大盤藍籌股的大單幾乎沒有意義，例如：中石化、聯通、農行的分筆成交。

　　（3）注重實際成交。 一般來說，大單委託不能反應股票的活躍度和市道強弱，因此要注重實際成交單。如果在盤面常見大買單或大賣單成交，表示這檔股票股性活躍，可適當關注。

　　很多時候，盤面的大單欺騙成分居多，因為主力不可能讓散戶輕易發現他的操作意圖。主力有時在賣一掛出大單，利於低位吸籌；有時在買一掛大單，讓投資者以為是支撐有力，結果買進被套，因此要以最後的實際成交單為主。

　　（4）關注突破時機。 通常在橫盤整理期間，沒有出現特別的買賣單，成交漸少（此為悄悄吸貨時期，散戶很難察覺），但在某日盤中出現很多主動性大買單。這時可以高度關注，股價很快就會向上攀升（此為明確的向上做多訊號，應及時跟進），大筆買賣盤漸漸增加。

　　然後，經過數天的爬坡，股價越升越快，最後進入加速階段。反之亦然，在高位橫盤後，出現大筆賣單，要高度小心股價回落。高位橫盤是主力在慢慢出貨，到最後階段時出現大筆賣單，股價向下跌破平台，這是主力加速最後清理部位的訊號。

　　（5）分析當前市況。 在各種情況下出現大單的意義不同。在低迷期的大單，當某檔股票長期低迷，某日股價啟動，賣盤上掛出巨大賣單，買單則較少。這時若有資金進場，吃掉賣檔的壓單，可視為主力建立部位動作。

　　在下跌中的大單，某支個股經過連續下跌後，在買檔中有大手筆買單掛出，大多是護盤動作，不代表該股止跌，有可能是掩護出貨。如果遇到這種

情況，最好跟隨主力出場，尤其是跌破關鍵壓力位，不過可以在該股日後止跌時抄底。

（6）**分析技術狀況。**如果均線呈現多頭排列，股價相對位置較低，多數是為了挖坑誘空，消化低位獲利盤和前期套牢盤，然後迅速轉身上漲，股價一飛衝天。如果均線呈現多頭排列，但股價處於高位，還是必須小心，君子不立危牆之下，先走為妙。

如果均線呈現空頭排列，股價距離大底較近，多數是由於主力耐心吸貨，來回折騰散戶，當順利完成建立部位計畫後，股價會迅速上漲。

（7）**理解大買單、大賣單。**一般來說，大的買單成交是吃貨，而大的賣單是出貨。以下分別介紹。

理解大買單：第一，在買一至買五中大單不多，但總是在突破大單壓盤時，出現大單買進，一般表明主力上攻意願較強。第二，在向上突破的過程中，隨著股價上升，在買一有大量買盤堆積，大多表明主力上攻意願較強。第三，隨著股價上升，在買四、買五中有大量買盤堆積，這可能是主力不願意讓股價下跌，或是小心主力誘多，製造假象讓散戶抬轎。

理解大賣單：第一，在股價整數關口有大單壓盤，一般情況是主力打壓股價。第二，在賣一到賣五的委託單中出現大單壓盤，但股價仍可以積極上升（大買單不多）時，往往可以看到先前的大賣單不見了，這時候小心主力誘多。第三，當股價到達支撐位附近時，出現連續的大單砸破支撐位，說明主力做空堅決。

需要說明的是，大單買賣的前提是分清大單是否出自於主力。雖然散戶也能做出一個漲停，但是出自主力的大單才具有分析意義。而且，大單的買賣都是相對的，有買必有賣。關鍵要看某個時間點上的交易量突然放大後，股價是走低、走高或是不動。如果走低，應該是主力走人；如果走高，可以理解為強力拉升。

當然，這不是絕對的，主力之間的博弈可能使股價大起大落。不過，大單有一定的參考價值。同時，分時盤面資訊是出現在買檔、賣檔和筆數中。

散戶想要讀懂這些資訊，必須長期追蹤、觀察，盯緊盤面變化，在操作中不斷探索、完善自己，才能深刻領悟主力的意圖。

2-3

散戶如何跟莊？計算主力的持股量和成本，以及判斷……

招數 1：計算主力的持股量

持股量的構成

　　一檔股票能不能漲起來？漲升的方式如何？洗盤的時間和力道怎樣？股價上漲的目標價位在哪裡？這些都是散戶最想了解的資訊。然而，想做出既全面又準確的判斷，就必須分析主力的持股量。

　　主力的持股量是指，主力持有某檔股票流通盤的部分籌碼。籌碼收集到什麼程度才有條件做莊？這無法一概而論，因為與股票流通盤的大小、基本面、大盤行情，以及主力的資金實力和操盤風格等因素有關。

　　（1）**持股量的大概分布**。在透析主力的持股量時，必須大致分析流通籌碼的持股分布。通常，流通盤中20%左右的籌碼是鎖定不動的。這些股民是真正的長線投資者，無論主力如何震倉、洗盤，都不容易收集到他們的籌碼。當然，他們對主力的拉高和賣出也不會造成太大的干擾。

　　剩下80%左右的籌碼在中短線投資者手中，其中大約有30%的籌碼在高位大幅套牢。當主力拉升時，這部分籌碼構成強大壓力，所以主力在吸籌階段，經常透過長期低位橫盤或小幅震盪，散布利空消息。在大盤上漲時故意壓價，讓套牢者出場，喪失解套希望，才能達到收集籌碼的目標。

　　另外有30%左右屬於浮動籌碼，這部分籌碼最容易到手。剩下20%左右的籌碼則在民間大戶手中，主力必須消滅這部分籌碼，才不會在拉升時遇到太大的困難。

　　（2）**主力需要多少持股量**。通常，主力的持股量在20%～80%之間。

長線主力持股量占流通盤50%～70%的情況居多，這時股性活躍，容易走出獨立行情。中線主力的持股量占流通盤的40%～60%，這時股性活躍，易於操盤。短線主力的持股量占流通盤的30%～50%，股價一般隨著大盤漲跌而變動。個別強悍主力的持股量超過流通盤的80%，由於籌碼過於集中，盤面難免過於呆板，散戶可操作性不強。

在一般情況下，一檔股票的升幅，一定程度上由該股籌碼的分布狀況及介入資金量的大小決定。主力的持股量越大，控盤能力越強，主力運用的資金越大，拉升之後的利潤越高。但是，持股量不是越高越好，因為持股量越大，需要投入的資金越大，損耗的費用越大，籌碼收集的時間就越長，操盤週期相應延長，風險會加大。另外，主力持股量過大，場內散戶很少，無法形成賺錢效應，股性變得較死，出貨難度較大。

判斷持股量的基本方法

（1）用數學計算結果判斷。主要有3種方法，一是根據吸貨期的長短計算。對吸貨期很明顯的個股，可大致估算出主力的持股量。計算公式：**主力持股量＝（吸貨期×吸貨期每天平均成交量÷2）－（吸貨期×吸貨期每天平均成交量÷2×50%）**

公式解說：吸貨期每天平均成交量＝吸貨期成交量總和÷吸貨期；2代表內盤和外盤；50%＝大約有30%是根據持股分布確定的浮動籌碼＋大約有20%是主力對敲量。從等式來看，吸貨期越長，主力持股量越大；每天成交量越大，主力吸貨越多。因此，若投資者看到上市後長期橫盤整理的個股，通常是黑馬在默默吃草。注意，吸貨期的選擇一定要參照股價走勢，主要根據投資者的悟性判定。若吸貨期選擇失誤，會造成估算結果失真。

二是根據換手率的大小計算。計算公式：**換手率＝吸貨期成交量總和÷流通盤×100%**。在低位成交活躍、換手率高、股價漲幅不大的個股，通常為主力吸貨。在這個期間換手率越大，主力吸籌越充分，「量」與「價」似乎是一對不甘示弱的兄弟。只要「量」先走一步，「價」必會緊緊跟上，投資者可重點關注「價」暫時落後於「量」的個股。

三是根據內盤和外盤計算。計算公式：**當日主力買進量＝（外盤×1/2＋內盤×1/10）÷2**。然後，累計若干天的主力買進量，當換手率達到100%

以上才可以，取值時間一般以30～60個交易日為宜。

（2）**用整理時的盤面表現判斷**。有些個股吸貨期不明顯，或是老主力捲土重來，或是主力邊拉邊吸，或是在下跌過程中不斷吸貨，難以劃分吸貨期。這些個股的主力持股量，可以透過他的整理表現來判斷。老股的主力想吸籌，股價必須已有充分回檔，場內幾乎無獲利盤。

一般來說，股票從前期高位回落超過50%時，基本上可認為回檔到位。當然，前期主力如果大幅拉高則另當別論。若前期上漲幅度不是特別大的股票，回檔幅度超過30%時，市場中的獲利盤已微乎其微。

（3）**用上升過程中的放量情況判斷**。一般來說，隨著股價上漲，成交量會同步放大。某些主力控盤的個股隨著股價上漲，成交量反而縮小，股價往往能一漲再漲。這些個股可重勢不重量，主力持有大量籌碼，在還沒放大量之前，即可一路持有。

（4）**用上市公司股東總戶數判斷**。上市公司發表的股東總戶數，可以透過計算得出目標公司的單戶持有流通數，做為主力控盤依據。

（5）**用走勢與量價配合情況判斷**。在建立部位階段，主力持股量從0開始，所以一檔股票從高位下來，跌到地量地價，是主力持股量最低的時候。從底部開始，主力的持股量逐步增加，有些股票是在低位築底。其實，這個底不見得是主力做出來的，也許是市場做出來的，是規律的產物。

另外一種底是主力做出來的，在底部震盪過程中，主力持股量是增加的。如何分辨這2種底？前一種底的形態是隨波逐流，往往弱於大盤，成交量在短期頭部時較大，在其他時候都很小。後一種底往往是強於大盤，也就是大盤連續下挫時，股價能夠守住底線不破。

招數2：計算主力的持股成本

主力成本的構成

持股成本是指，為了炒作某檔股票而消耗的費用。做莊如同做其他生意，需要從銷售收入中減去成本，才能獲取利潤。投資者不妨幫主力計算，目前的價位有無獲利空間，以及獲利大小。

若目前價位獲利菲薄，甚至市價低於成本，則該股前景光明。若目前價

位已有豐厚的帳面利潤，主力操心的是如何將錢放進口袋，也就是伺機脫逃的問題，這時指望它再攻城奪寨、勇創新高，顯然不切實際，不宜將「錢」途寄託在這種逃兵身上。主力的操盤成本主要包括進貨成本、利息成本、拉升成本、公關成本、交易成本等，以下詳細介紹。

（1）進貨成本：主力資金量大，進場時必然消耗一定升幅，尤其是拉高建立部位或接手前，主力籌碼的進貨成本較高。這類主力的後續題材通常較豐富，主力志向高遠，不計較進貨價格。但有人看見股價從底部剛漲10%，便擔心升幅已大，不敢再買。其實，升20%甚至50%都有可能是主力在吸籌，關鍵要看在各價位區間成交量的多寡。低位成交稀少，主力吸籌不充分，即使有一定的漲幅，也不用畏懼。

很多跟隨主力的散戶有這樣的體會：雖然抓到黑馬，但不是在主力的震倉洗盤中出場，就是馬兒剛上路在小有獲利時出場，結果錯失黑馬。

（2）利息成本：利息成本也稱作融資成本，除了少數自有資金充足的主力機構之外，大多數主力的資金都是從各種管道籌集的短期借貸資金，要支付的利息很高，因此做莊時間越久，利息支出越高，持股成本也就越高。

（3）拉升成本：主力無法買到最低價，同樣也無法賣在最高價，通常有一大截漲幅是為人作嫁——船小好調頭的跟風盤跑得比主力還快。有的主力拉升時高舉高打，成本往往很高，短期會有大漲幅。有的主力拉升時喜歡細水長流、穩紮穩打，成本往往較低，為日後的出貨創造空間。

手法高明的主力拉高時，只需借助利多煽風點火，股價就能由追漲的散戶抬上去。但是，大多數主力需要盤中對倒放量，製造股票成交活躍的假象，因此僅交易費用就花費不少。另外，主力還要準備護盤資金，在大盤跳水或技術形態變壞時護盤，有時甚至要高買低賣。

（4）公關成本：主力的公關優勢包括很多層面，主要有管理層、券商、銀行、上市公司、仲介機構等公關。它們的重要性不言而喻，主力應為此付出必要成本，否則難圓其美。

（5）交易成本：主力可以享受高額手續費折讓。

計算主力成本的基本方法

在股市中，主力介入的資金大多都在謀求利潤最大化，很少會形成虧損

| 圖表2-9 | 羅頓發展（600209）的盤面走勢圖 |

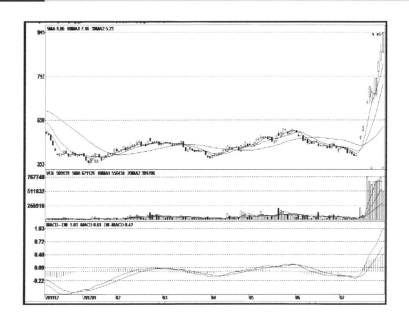

出場的局面。正因如此，投資者越來越關注主力的持股成本，希望透過這種分析方法達到獲利的目的。

　　外人一般很難準確了解主力的真實持股成本，不過可以透過一些統計方法，評估主力在某個階段的市場平均成本，並利用評估結果，加以判斷短期調整的支撐位或反彈的壓力位。主力的成本可以藉由以下5種方法來測算。

　　（1）平均價：主力若透過長期低位橫盤來收集籌碼，那麼底部區間最高價和最低價的平均值，就是主力籌碼的大致成本價格。此外，圓形底、潛伏底、雙重底、箱型等形態，也可以用這個方法測算持股成本。主力如果是透過拉高來吸籌，成本價格會更高一些。

　　見圖表2-9，羅頓發展股價經過一波急跌後，形成三重底形態，形態內最低價為3.53元，最高價為5.16元，成交量較均勻，也沒有異常的價格波動，可排除其他非正常因素的干擾，因此可採用算術平均數計算。透過計算得知市場平均價為4.34元，這個平均價是主力的大概持股成本區。用平均成

本的分析方法來判斷主力的持股成本十分有效，而且相當精確。

（2）換手率：對於老股票，在出現明顯的大底部區域放量時，可作為主力建立部位的成本區。具體計算方法是每日的換手率，直到統計至換手率達到100%為止，以這個時段的市場平均價，作為主力持股成本區。

以上圖為例，為了準確計算，以三重低中間的底為準，向2邊計算換手率達到100%的市場平均價，透過計算平均成交價格為4.32元，反應出主力在這個期間已收集到相當多的籌碼。

（3）最低價：在最低價位之上的成交密集區的平均價，就是主力建立部位的大致成本。通常其幅度大約位於最低價的15%～30%。以上圖為例，最低價上漲幅度的15%為4.07元、30%為4.62元，因此主力成本區就在4.07元～4.62元，平均價為4.34元。

（4）股價：這個方法也是以最低價格為基準，低價股在最低價以上0.50元～1.50元，中價股在最低價以上1.50元～3.00元，高價股在最低價以上3.00元～6.00元。以上圖為例，該股屬於低價股，據此可以推定主力的平均成本在4.03元～5.03元，平均價為4.53元。

（5）主力持股成本＝（最低價＋最高價＋最平常的中間周的收盤價）÷3：作為主力，其控盤的個股升幅最少應在50%以上，大多數為100%。一般來說，一檔股票從一段行情的最低價到最高價的升幅若為100%，那麼主力的正常利潤是40%。因此可以計算出主力的最基本目標價位，在這個目標價位以下參與，都可以賺錢。仍以上圖為例，主力持股成本＝（3.53＋5.16＋3.96）÷3＝4.22元。

運用上述方法，計算出該股的主力持股成本分別為4.34、4.32、4.34、4.53、4.50、4.22元，計算結果差別較小，持股成本大致上一致，準確性較高，因此可以斷定主力的成本區間在4.22元～4.53元。散戶知道這個區間後，就可以與主力鬥智鬥勇。

預測特殊個股成本的方法

除了上述測算主力成本的方法之外，我再提供以下5個特殊個股的預測方法。

（1）**新股**：許多人喜歡炒新股，但又苦於不了解主力的成本區。其實，新股的主力成本最好了解，其成本為發行價加上15%左右的發行價費用。如果從發行到上市的時間長，融資的利息和費用較高，附加價便多一些，反之則少一些。

（2）**橫盤整理的主力股**：在底部或中低部有較長時間（3個月以上）橫盤的主力股，其成本一般都是橫盤時的均價。橫盤時間越長，主力吸貨越充分，其橫盤價也就是成本價越準確。

由於種種原因，造成某支主力股在高位久盤、之後又往上做，其高位久盤的平均價可作為該股的第2成本價。至於它的總成本區，可視其中的放量情況。如果從第1成本區到第2成本區之間，未曾放量，其總成本區可簡單取兩者的算術平均值。如果在高位橫盤之前已放量，則第2成本區就是它的成本區。

（3）**震盪上漲的主力股**：股市中有許多震盪上漲的慢牛主力股，其走勢沿著一條堅挺的上升通道，每次調整時間不長，幅度不大，極少超出上下通道線。

對於這類主力股，如果在拉升之前，沒有底部長時間的橫盤供其吸貨，又沒有放量拉升的情況，主力無法一開始就控盤，只能邊拉升邊吸貨。這時主力的成本區，通常是整個上升通道的中間價格。從盤面上可以發現，每當股價回檔到該成本區時，便止跌上漲，並且縮量，在OBV指標上幾乎呈現一條平滑的直線。

（4）**急拉放量的主力股**：在中低部，由於形勢緊迫（例如獲知有重大利多題材），某些主力匆忙入市，採用急拉快速建立部位的手法，往往在三五天內完成建立部位任務。對於這類主力股，其成本價透過統計放量拉升這幾天的成交量，若達到流通盤30%～50%，這幾天的均價大致反映主力的成本價。因為之前沒有機會讓主力過多吸貨，中低價也適合主力吸籌。

（5）**箱型整理的主力股**：指幾乎呈現水平方向做大箱型整理的主力股，若是震盪上漲則按照第3點處理。對於這類主力股，主力的成本價在箱型的中軸附近，其算術平均價就是成本價。期間如果有間歇放量，其放量區的價格也是重要的參考價。

(S) 招數3：判斷主力是否完成建立部位

　　股價漲不漲，關鍵看主力炒不炒，這是目前股市的特點。主力什麼時候最有炒作熱情？答案是在吃飽廉價籌碼時。那麼，如何判斷主力是否完成建立部位？

　　在主力的做莊過程中，大家最關心的是建立部位，若是在主力建立部位初期買進，猶如啃食未成熟的青蘋果，又酸又澀。若股價處於拉升末期，這時買進猶如吃進不新鮮的荔枝，味道索然。因此，散戶若能準確判斷主力的持股情況，盯住一支建立部位完畢的主力股，在它即將拉升時參與，必將收穫一份財富增值的驚喜。

　　投資人都知道，表現良好的個股，前期都有一段較長的低位整理期，而拉升期或許只有十幾個交易日，原因在於主力建立部位耗時較多。通常，主力吸貨時消耗的時間與股本大小、做莊風格、大盤整體走勢有密切的關係。根據多年的經驗，若具備下述6個特徵之一，即可初步判斷主力建立部位已漸入尾聲。

　　（1）**少量就能拉高價位。**放很小的量就能拉出長陽或封死漲停。主力相中股票後，進場收集籌碼，經過一段時間的收集，如果主力用很少的資金就能輕鬆將股票拉至漲停，表示收集工作接近尾聲，大部分籌碼已經被主力鎖定，浮動籌碼很少。

　　這時候主力具備控盤能力，可隨心所欲控制盤面。尤其是在開盤30分鐘內，就將股價拉到漲停板，全天封盤不動，成交量即時萎縮，大有充當領頭雁之風範。通常，在低位經過反覆整理，成交量萎縮至地量後，慢慢出現脈衝式放量，不斷向壓力位發起衝擊，表明建立部位工作準備充分，主力拉升躍躍欲試。

　　（2）**走勢不受大盤影響。**股價走勢獨立、我行我素，不理會大盤走出獨立行情，也就是大盤跌它不跌，大盤漲它不漲（或漲幅遠遠超過大盤）。這種情況通常表明大部分籌碼已落入主力囊中。

　　當大盤向下時，有浮籌賣盤，主力便用籌碼托盤，封死下跌空間，防止廉價籌碼被人搶走。當大盤向上或站穩時，有游資搶盤，但主力由於種種原因，仍不想發動行情，於是出現凶狠的賣盤，封住股價的上漲空間，不讓短

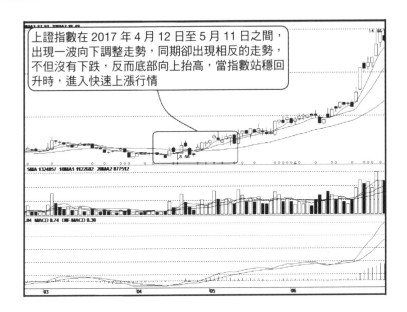

圖表2-10　方大炭素（600516）的盤面走勢圖

上證指數在 2017 年 4 月 12 日至 5 月 11 日之間，出現一波向下調整走勢，同期卻出現相反的走勢，不但沒有下跌，反而底部向上抬高，當指數站穩回升時，進入快速上漲行情

線熱錢打亂計畫。

　　此時，股票的K線形態出現橫向盤整，或沿均線小幅震盪盤升。或者，在大盤跌的時候它不跌，大盤站穩回升時，漲幅遠遠超過大盤，這類股票漲勢明顯強於大盤。投資者遇到時應積極參與，未來股價上漲空間十分巨大。

　　見圖表2-10，方大炭素的上證指數在2017年4月12日至5月11日之間，出現一輪較大的下調走勢，而同期的走勢卻不受大盤調整的影響，拒絕向下回檔，依然堅挺地向上抬高底部，出現與大盤背離的走勢，顯示主力建立部位接近尾聲。隨後，當大盤出現站穩回升時，股價不斷向上攀升，漲勢明顯強於大盤，進一步證明主力建立部位已經完成，此後出現一輪漲升行情，一時成為人人皆知的龍頭股。

　　（3）股價開始劇烈波動。股價在起漲前，走勢起伏不定，而分時走勢圖劇烈震盪，成交量極度萎縮。主力到了收集末期，為了洗掉短線獲利盤，消磨散戶持股信心，便用少量籌碼做圖。

從日線來看，股價起伏不定，一會兒衝到浪尖，一會兒回到谷底，但股價總是衝不破箱頂，也跌不破箱底。當日分時走勢圖上更是大幅震盪，委買、委賣之間的價格差距非常大，有時相差幾分，有時相差幾角，給人一種莫名其妙、飄浮不定的感覺。成交量也極度不規則，有時幾分鐘成交一筆，有時十幾分鐘才成交一筆，分時走勢圖畫出橫線或分隔號，形成矩形，成交量也極度萎縮。上檔賣壓極輕，下檔支撐有力，浮動籌碼極少。

（4）遇到利空時不跌反漲。遇到利空消息的打擊，股價不跌反漲，或當天雖然有小幅無量回檔，但是第2天收出大陽線，股價迅速恢復到原來的價位。突發性利空襲來，主力措手不及，散戶籌碼可以賣出就跑，主力卻只能兜著走。於是，在盤面可以看到利空消息襲來的當日，開盤後賣盤很多。但這時的接盤更多，不久賣盤漸漸減少，股價慢慢站穩。由於主力擔心散戶撿到便宜籌碼，第2日股價又被主力早早拉升到原來的位置。

（5）突破重要壓力位置。完成建立部位時，通常都有一些特徵，例如股價先在低位構築一個平台，再緩緩盤出底部，均線由互相纏繞逐漸轉為多頭排列。特別是一旦放量長陽突破盤整區，更可以確認建立部位如期完成，即將進入上漲階段。

（6）低位整理時間充分。通常在低位盤整期間越長，主力越有時間從容進駐吸籌，行情一旦啟動，後市漲幅往往較大。一般來說，在低位橫盤時間超過3個月，主力基本上已經完成建立部位任務，只是默默等待拉升時機的到來。

（7）大致估算、預測股價見底的位置。方法是以最高股價×一定的比例，比方說2/3、1/2、1/3、1/4等，就可以大致估算出股價回落見底的可能位置。例如最高價為20.00元，則股價見底的大致位置可能在20.00元×2÷3＝13.33元，以此類推的價位依次為10.00元、6.66元、5.00元等。

投資者需要注意，主力完成建立部位不等於立刻拉升，主力拉抬通常會借大盤走強的東風。已完成建立部位的主力，通常會採取沿著某個價位反覆整理的姿態，等待拉抬時機。因此，投資者看中某檔股票後，要有耐心等待主升段行情的出現，與主力一同分享豐收的喜悅。

第3章

識破主力
「拉升」的 K 線圈套，
抓準買賣點

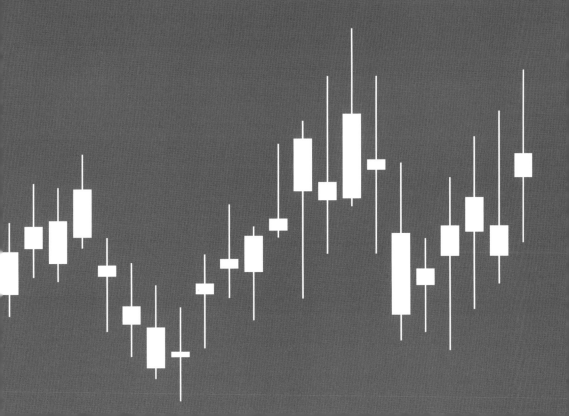

股價拉升有 3 個基本規律：
震盪式、波段式及直線式

主力拉升階段的手段與爬高階段相似。既要吸引散戶積極參與，又不能讓散戶獲取太多利益，但拉升顯然比爬高凶猛得多。散戶在這個階段積極為主力抬轎，但不見得能獲取豐厚回報，還可能遭受虧損，這就是賺了指數不賺錢。

規律 1：震盪式拉升

主力完成建立部位計畫後，股價漸漸脫離底部區域，不斷向上震盪攀高。盤面特點是，透過上下震盪的方式向上推高股價，沒有明顯的拉高和買盤動作，波峰浪谷不清，也沒有集中的放量過程，一切在一邊拉高、一邊洗盤、一邊整理之中，盤面走勢非常溫柔，很少有驚心動魄的場面，股價在不知不覺中走高。

在這種盤面走勢中，主力沿著一定的斜率向上拉高股價，在當日分時走勢圖上，表現為下方有大量買單出現，顯示主力實力強大，避免股價下跌。然後，主力不斷向上推高股價，有時拉升一段時間後，會故意打壓。凶猛的主力出現跳水式打壓，吸引買盤逢低接納，又將股價拉上去。

在日線圖上小陰大陽、進二退一，股價震盪上漲。採用這個方法拉升的主力實力通常較強，控籌程度較高，上漲行情的持續時間較長，股價累計漲幅也較大，出貨時經常有上市公司的題材配合，它的優點是來時悄無聲息、去時無影無蹤。

主力的手段是在拉升過程中，不斷出現上下震盪走勢。散戶很難堅定持

| 圖表3-1 | 西水股份（600291）的盤面走勢圖 |

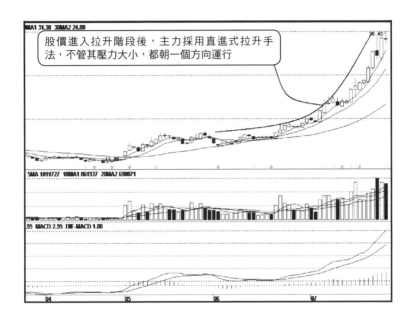

股信心，容易清理獲利籌碼出場，同時又讓持幣者參與。這樣籌碼完成一進一出，得到充分交換，鎖定長線籌碼，為主力日後大幅拉升股價減輕壓力。

　　散戶在這種盤面中的操作難度較大，很難掌握股價的運行節奏，也很難預測股價的頭部。當投資者追高買進時，容易遭受短線回檔套牢。當投資者等待低點出現時，沒有明顯的回落低點形成，股價又重新上漲，買進機會稍縱即逝。散戶很難在這種盤面中做一波完整的行情，一旦不慎，操作效果和投資信心會大受影響。

　　主力的震盪式拉升大致有2個方式：直進式震盪拉升和推進式震盪拉升。以下詳細介紹。

　　（1）直進式震盪拉升：股價上下震盪頻繁，回落幅度不深，持續時間不長，看不出明顯的波形。見圖表3-1，西水股份在股價前期下跌打壓過程中，主力收集大量的低價籌碼後，股價開始向上脫離底部區域，然後經過成功的洗盤整理後，從2017年6月21日開始，出現一波升幅較大的上漲行情。

在上漲過程中，股價時漲時跌，上攻力道看起來不強，但股價大漲小回，盤面張弛有序，K線陰陽交錯，形態堅挺有力，量價配合默契。主力不管上方有多大的壓力，基本上都沿著一個固定的角度向上攻擊，中途沒有出現大幅回檔走勢，但也不是一步到位的井噴式飆升走勢。經過1、2天的快速整理後，股價再次強勢上漲，盤面走勢十分穩健，股價累計漲幅較大。

（2）推進式震盪拉升：這個方式的股價走勢與直進式震盪相反，盤面會出現小波段式的震盪走勢，股價回落幅度較深，持續時間也較長，波峰浪谷清晰。

在這種盤面走勢中，主力意圖不讓盤中散戶快速獲利，而是透過震盪上漲讓膽小的散戶提早出場。通常，如果散戶沒有堅強的毅力，很難與主力共舞到底，同時又給場外散戶一個參與的機會。

散戶遇到這種情形時，要保持良好的心態，不要頻繁操作。上漲過程中出現的小幅震盪是正常的盤面現象，只要盤面沒有出現異常波動，上漲行情就不會結束。但是，當股價衝高回落，形成見頂K線形態或出現異常成交量時，應特別注意。

見圖表3-2，貴州茅臺是中國市場人人皆知的大牛股，主力在底部成功完成建立部位計畫後，股價進入穩健的上漲過程。在拉高過程中，股價雖然曾出現較大幅度的震盪走勢，但盤面堅挺有力，趨勢穩步向上，量能溫和有序，一切壓力都無法阻擋上漲勢頭。上漲行情已持續3年多，股價突破每股500元之後繼續上攻，最高突破800多元，誰也不知道股價會走多遠、多高，但市場第一大牛股已非它莫屬，近期股市很難打破這個記錄。

這類股票在拉高過程中，盤面出現大幅度震盪走勢，主力在震盪中拉高股價。從圖中可以看出，在股價大幅震盪的過程中，散戶一會兒看多、一會兒看空，投資想法出現動搖，導致誤判後市，很難堅持下去，最終選擇出場。

同時，場外一些散戶發現盤面異動後，有短線價差機會而逢低進場做多。經過幾回合的上下震盪後，市場平均持股成本大大提高，因此股價不斷向上拉高，散戶卻很難獲利。由於散戶的持股成本比主力高，後市拉高股價時，不會有太大的風險，主力意圖也就輕易得逞。

散戶操作策略：這種盤面走勢正是短線高手大顯身手的最好時機，可以

| 圖表3-2 | 貴州茅臺（600519）的盤面走勢圖 |

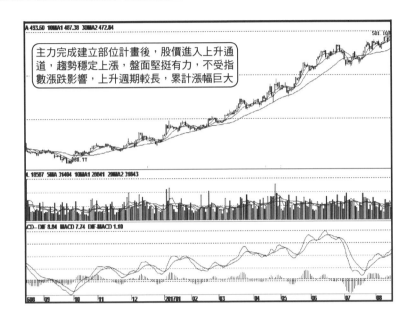

> 主力完成建立部位計畫後，股價進入上升通道，趨勢穩定上漲，盤面堅挺有力，不受指數漲跌影響，上升週期較長，累計漲幅巨大

高賣低買、波段操作，獲利更豐厚。中長線投資者可以參考30日均線，只要30日均線保持完好，應一路持股不動，不必理會30日均線之上的任何震盪現象。這是對付主力的最好策略。

規律2：波段式拉升

這種拉升方式大多發生在大型股和中型股中，在盤面中表現出十分穩健的姿態，較容易被投資者接受，並達到推波助瀾的目的，多數主力樂意採用這種方法。

採用這種拉升方式時，在股價加速爬升過程中，由於速度太快，短期累計獲利盤多，於是當股價拉升到一定高度時，獲利盤蜂擁而出。主力不得不釋放這部分獲利盤，股價回落再次洗盤換手，然後進行下一波拉升。

投資者都知道，在一個大波浪之中有許多小波浪，大浪套小浪，浪中有

浪。這種手法通常在拉升過程中洗盤，尤其是在重要壓力區域，以小回或橫盤震盪的整理走勢來消化上方壓力，並完成散戶由低成本向高成本換手的過程，盡量減輕上漲時的壓力。

然後，趁著利多消息或股市良好的氛圍，再將股價拉高一個波段，股價的重心向上一個台階。最後股價打破這個規律，產生2種結果：一是向上突破，股價進入加速上揚階段；二是向下調整，結束波段式拉升行情。

波段式拉升呈現盤旋形式上漲，有1次盤旋、2次盤旋、3次盤旋，但很少見到4次以上的例子。此外，從盤旋時間來看，有短盤旋、中盤旋、長盤旋，投資者要多加注意這點。在日線圖上，有時也會出現一字形或T字形漲停，股價回落時陰陽交替，常有大陰線出現。在成交量方面，拉升時放量，回落時縮量。

這種拉升方式的主力意圖，是在拉升中清理短線獲利籌碼，當短線散戶看到股價滯漲回落時，就會出脫手中持股。同時，一些先前沒有買進且又長期看好該股的散戶，在主力展開調整時逢低買進，對主力後市拉升發揮推波助瀾的作用，而且主力隨機應變，也加入高賣低買的行列中。

當然，這種拉升方式也反映出主力的弱點。可能是主力實力不夠，控盤程度不高，支撐不住獲利盤的賣壓，因此只能選擇在大盤良好的情況下，採取循序漸進、穩紮穩打的方式推高股價。

見圖表3-3，道氏技術的主力在前期下跌過程中，成功吸納大量的低價籌碼，然後向上突破短期下降趨勢的壓力，股價從2017年6月開始向上走強。主力採用波段式拉升手法，透過盤旋的方式不斷向上拉高，每完成一波拉升後，股價就會出現一定幅度的回落整理。整理結束後，再次上拉。操作手法乾淨俐落，K線走勢脈絡清晰，股價張弛有序，漲幅也相當驚人。

由於這種方式的波浪起伏較明顯，容易掌握運行規律，高賣低買較容易。散戶的最佳操作方法為，在股價出現放量衝高回落，收出長上影線的陰線、黃昏十字星、陰包容等K線時，可以考慮賣出。在股價經過充分整理後，出現明顯的止跌訊號時，例如放量大陽線、早晨十字星、陽包容線等K線形態時，可以考慮買進。

通常，後一個波浪的漲幅，等長於前一個波浪的漲幅，相差通常在5%以內，可以互相參考。根據實戰經驗，前面3波的浪形較有規律，準確率較

| 圖表3-3 | 道氏技術（300409）的盤面走勢圖 |

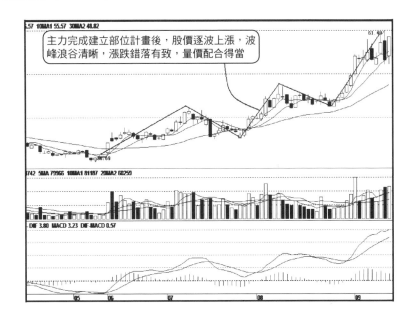

主力完成建立部位計畫後，股價逐波上漲，波峰浪谷清晰，漲跌錯落有致，量價配合得當

高，4波以後的浪形準確率較低，可能出現變盤，應謹慎操作。

　　一般來說，一個完整的中級循環浪的漲幅在30%左右，所需時間在40日左右，但是不同風格的主力、不同類型的個股，它的拉高幅度和所需時間不同。需要說明的是，這裡的波浪浪形不是艾略特波浪理論中的浪形，而是自然的循環浪，兩者應嚴加區別。

規律3：直線式拉升

　　採用這種方式拉升的主力，一般資金實力較雄厚。在低位收集大量的低價籌碼，達到高度控盤，操作手法極其凶狠。主力不在乎剩餘籌碼的威脅，股價一旦上漲其勢如破竹，任何壓力位都無法阻止股價的上漲勢頭。這樣既可以節省資金、縮短拉升時間，又可以打開上漲空間。

　　在日線圖上，常常連續拉出漲停大陽線，或連續出現一字形和T字形K

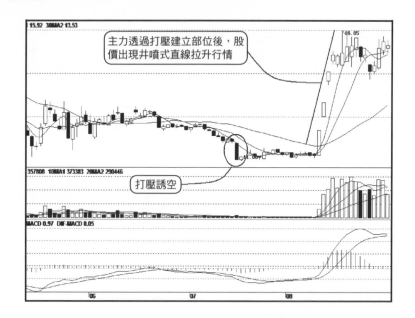

線，且連續跳空開高留下短期不被回補的缺口，形成一波井噴式行情，有時經過短暫的洗盤整理後，出現梅開二度的直升式行情。

在拉升過程中，成交量也同步放大，但以跳空漲停形式出現時，成交量反而見小，這表示主力高度控盤。這種方式大多出現在小型股或中型股，通常具備投資價值或有特大的利多題材作為支持，市場基礎良好。直升式拉升的股票通常是市場中的黑馬，投資者的追漲意識十分強烈。

這種拉升方式的主力意圖有3個：一是急速拉高，一氣呵成，產生利潤，在高位實施出貨；二是引發市場關注，誘導跟風盤參與，幫助抬轎拉高；三是若有重大利多支援，可以防止消息洩露或來不及拉升而影響利潤。

見圖表3-4，富煌鋼構的主力在低位吸納大量的低價籌碼後，透過誘空式打壓手法繼續加碼，2017年8月10日股價突然放量漲停，形成井噴式飆升行情。主力拉升手法極其凶悍，一氣呵成、勢如破竹，越過一切壓力，成交量快速放大，市場跟風積極，誘導散戶追漲買進。

　　對此，散戶的最佳操作方法是，這類個股啟動前有一個低迷期，成交量萎縮，這時應積極追蹤關注。當股價出現放量向上突破，或者用很小的成交量，把股價拉到漲停且封盤不動，就應立即跟隨主力進入，這是最佳的進場時機。

　　如果這時沒有發現或來不及參與，而隨後股價一開盤就漲停，根本無法買進時，不必著急。這種拉升方式由於速度快、漲幅大，主力很難在高位一次完成出貨任務。通常股價有一個短暫的回落整理過程，或在高位維持平台整理走勢，然後展開第2波拉升。若是回落整理，可以在股價回落到5日均線與10日均線之間買進；若是平台整理，可以在平台放量向上突破時買進。

3-2

【單日大陰線】反轉大陰線等 3 種圖形，是誘空詭計

💲 K 線圖形 1：高位大陰線

一般來說，股價經過一段時間的上漲行情後，如果在相對高位收出下跌大陰線，反映中、短期漲幅過大，市場過度投資或炒作，股價有回落整理的需求，同時也意味著主力在高位有出貨動作，進而形成大陰線賣出訊號。

但是實戰中，主力經常利用大陰線製造技術手段，當散戶紛紛出脫股票後，股價並未出現大幅下跌走勢，經過小幅回落後獲得站穩而再度大幅走高，形成高位大陰線賣出意圖。

見圖表3-5，四川雙馬的主力在長時間的底部震盪過程中，成功吸納大量低價籌碼。2016年8月22日，股價以一字板漲停向上脫離底部區域。完成一輪拉升行情之後，分別於9月23日和10月20日，在高位拉出開高走低大陰線，這2根大陰線勢頭十分恐怖，成交量也有明顯放大的現象，看似主力要大肆出貨。

從上漲幅度分析，股價已累計200%以上的漲幅，主力獲利豐厚，散戶在這個位置自然會聯想到主力要出貨。面對這種盤面現象，不少散戶判斷為主力出貨訊號，因此紛紛脫手以落袋為安。但是，這樣操作反而中了主力的誘空詭計，隨後股價又開始大漲。

想一想，如果這種大陰線是真正的見頂訊號，結果會如何？主力自己肯定被套牢。先分析第1根大陰線，這根大陰線一旦成為頭部，就是一個倒V形形態，主力在這種形態中很難順利出貨，往往是散戶出場、主力套牢。

再分析第2根大陰線，這根大陰線一旦成為頭部，與第1根大陰線相應，

圖表3-5　四川雙馬（000935）的盤面走勢圖

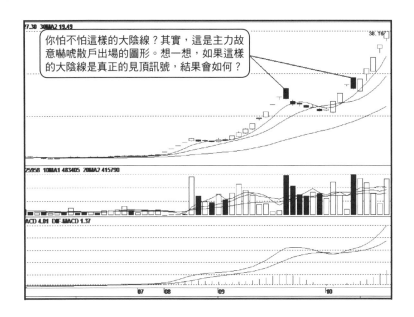

便構成一個標準的M頂形態，主力很難完成出貨計畫。而且，雖然陰線很長，但股價並沒有下跌多少，因為都是開高走低的大陰線，這顯然違背主力的意圖。可見得，再笨的主力也不會做出讓散戶出場、自己套牢的頭部形態，因此這2根大陰線是拉升途中的洗盤走勢，不是真實的見頂訊號。

K線圖形2：反轉大陰線

在實戰操作中，要特別注意股價向上突破後的反轉大陰線，因為這時很容易誤判。當股價向上突破某個重要技術位置後，往往會出現向下反轉動作，盤中收出一根或多根下跌陰線，這時很容易誤判為頭部訊號。

其實，反轉是確認股價突破有效的一種盤面波動形態，也是一種反趨勢的短暫現象，反轉結束後，股價將重回上漲之路。所以，在反轉過程中出現的大陰線，不會形成持續下跌走勢，投資者反而可以逢低買進。

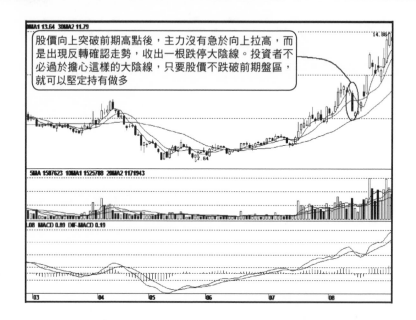

圖表3-6　鐵龍物流（600125）的盤面走勢圖

見圖表3-6，鐵龍物流的主力完成建立部位計畫後，股價向上推高，當股價回升到前期高點附近時，稍做休整後一舉放量向上突破前高壓力區，但突破後股價沒有持續上漲，而是出現反轉確認走勢。

2017年8月11日，股價向下回落收出一根跌停大陰線，反轉確認。當股價回檔到前期盤區附近時，獲得技術支撐而回升，說明股價向上突破有效，後市短期繼續看漲。但是，有的投資者看到這根下跌陰線後感到害怕，以為股價見頂下跌而選擇賣出，結果因為股價上漲而踩空。

那麼，如何解讀這根大陰線？投資者又該如何操作？

（1）股價向上突破前期高點後，由原先的壓力變為現在的支撐，大陰線回落時，得到該位置的支撐。

（2）隨後股價站穩回升，說明股價向上突破有效，反轉確認成功，股價再次上漲。

（3）股價沒有出現持續下跌走勢，得到30日均線的有力支撐後，再次

走強。

（4）成交量明顯放大，說明多頭資金開始活躍。

在實戰操作中，成為股價突破的技術位置，通常有均線、趨勢線（通道線）、技術形態、整數點位、黃金分割位或成交密集區等。這些都是非常敏感的位置，股價突破後大多會出現反轉確認過程。因此，投資者遇到這類個股時，不要懷疑大陰線。在技術沒有遭到破壞之前，應以反轉確認對待為佳，一旦技術走壞，應及時停損出場。

K 線圖形 3：假大陰線

在拉高過程中，也經常出現假大陰線的情況。股價大幅跳空開高後，在賣盤的賣壓下，股價漸漸向下滑落，最終在最低點或次低點收盤，形成一根大陰線。但當天股價不一定是下跌的，有時甚至是上漲的，所以將這根 K 線稱為假大陰線。

由於這種大陰線是股價大幅開高所致，因此可信度低於標準大陰線，屬於次要的看跌訊號，但洗盤效果非常好。主力經常運用這種手法做盤，設下空頭陷阱，使很多散戶受騙。比方說，在股價上漲途中，主力為了達到洗盤換手的目的，又不敢將股價大幅壓低，深怕丟失籌碼。於是在不得已的情況下，特意大幅開高股價，形成一根長長的大陰線，隨時有向下滑落的可能，進而形成上漲中的誘空陷阱。

見下頁圖表3-7，盛和資源的主力完成建立部位計畫之後，拉高股價脫離底部區域，在2017年7月13日股價大幅跳空開高，當天股價在盤中緩緩向下滑落，最終在次低點收盤，產生一根大陰線，構成一個傾盆大雨K線組合形態。

這根大陰線看起來非常恐怖，預示後市股價走勢不妙，有的投資者選擇逢高出場，然而這恰恰落入主力洗盤的陷阱。隨後股價只是小幅向下調整，調整結束後股價出現主升段行情。

不可否認，它對單根大陰線具有強烈的看跌意義，但如果與前面的K線結合起來分析，看跌意義沒有那麼明顯。因為在股價短期快速上漲後，本身

| 圖表3-7 | 盛和資源（600392）的盤面走勢圖 |

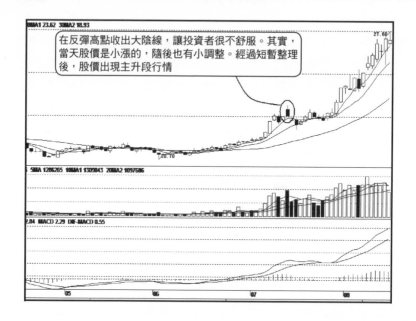

需要一次調整走勢。而且，圖表中雖然是一根大陰線，但當天股價實際上是微幅上漲，沒有破壞股價形態和趨勢，也就是說，股價仍然處於強勢格局。這就是主力利用開高走低的方式，故意收出大陰線，製造誘空動作，主力意圖不攻自破。

投資者在實戰中遇到這種K線圖形時，應關注隨後的股市表現。如果在假大陰線出現後的幾個交易日裡，股價持續下跌，繼續收出下跌大陰線，那麼後市下跌的可能性大。如果隨後幾個交易日裡，股價只是小跌或止跌，甚至收出止跌上漲陽線，那麼這根假大陰線就是空頭陷阱，應當大膽持股。

3-3 【假 K 線組合】剖析烏雲蓋頂等組合，把握進出場時機

K 線組合 1：假烏雲蓋頂

　　股價經過一段時間的上漲行情後，在相對高位拉出一根加速上漲的大陽線。接著，第2天股市借勢開高，但略為衝高後，扛不住市場賣壓，股價向下滑落到第1天的大陽線實體之內，並且吞沒大半條陽線，形成烏雲蓋頂形態，這是賣出訊號。

　　投資者據此紛紛拋售股票出場，等待股價深幅回檔。但是，烏雲蓋頂形態產生後不久，經過短暫的整理，股價重拾升勢，形成烏雲蓋頂形態陷阱。常見的有反彈高點烏雲蓋頂、上漲過程中的烏雲蓋頂、洗盤或試盤中的烏雲蓋頂，以及突破前的烏雲蓋頂等形態。

　　見下頁圖表3-8，通策醫療經過長時間的下跌調整後，在低位出現橫向盤整走勢，2017年10月10日股價放量突破箱型，當日股價強勢漲停，可是第2天股價開高走低，收出一根大陰線，形成烏雲蓋頂形態。

　　這個形態對股價上漲十分不利，且股價又遇到前期成交密集區域壓制，因此後市發展不樂觀，賣出訊號更加強烈。不過，股價經過短暫整理後，在10月24日再次形成突破走勢，從此進入中期上漲行情。

　　在實戰操作中，有時主力採用邊拉邊洗的方式，穩步推高股價，這時經常出現烏雲蓋頂形態。利用烏雲蓋頂形態製造空頭陷阱，既可以達到洗盤的目的，又不會破壞大趨勢，洗盤效果非常好。

　　這支股票的主力利用烏雲蓋頂形態，成功設置一個空頭陷阱。從技術圖表分析，不難發現以下3個空頭陷阱的蛛絲馬跡。

圖表3-8　　通策醫療（600763）的盤面走勢圖

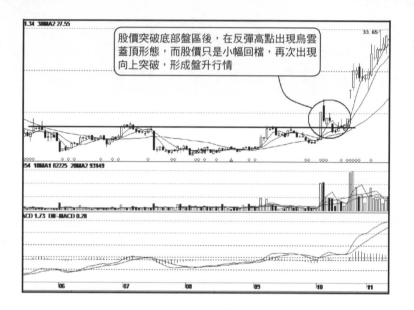

（1）在見底反彈時，成交量溫和放大，量價配合默契，反映做多動能悄然而成。但是，成交量在調整過程中大幅萎縮，說明浮動籌碼漸漸減少，主力已經控制整個盤面。

（2）股價成功向上突破底部箱型整理，擺脫底部震盪的悶局，而烏雲蓋頂形態正是反轉確認突破後的過程。

（3）股價成功站在均線系統之上，均線系統向多頭發散，30日均線有力支撐股價上漲。由此可見，技術面已由弱勢轉為強勢，又得到基本面的支持，這時出現烏雲蓋頂形態屬於主力正常的洗盤換手過程。

在烏雲蓋頂形態形成後，如果出現一根長長的陽線實體，而且收盤價超過烏雲蓋頂形態的最高價，或是股價直接開盤漲停，突破烏雲蓋頂形態（該股就是如此），那麼可能預示新一輪上衝行情的到來，可以積極買進。

在實戰中，判斷烏雲蓋頂形態的真假時，可以參考下列6個要點。

（1）一般情況下，股價下跌無須成交量的配合。但烏雲蓋頂形態如果有成交量的積極配合，在向下深入到前一天陽線的實際部分時，成交量同步放大，超過前一日成交量的2/3以上或5日均量的1倍以上，表示高位賣壓大，形態的可靠性會增強。

（2）分析當日的分時走勢，根據插入時間的早晚，會有不同的分析意義和判斷結果。通常插入時間越早，可靠性越高；插入時間越晚，可靠性越低。特別是尾盤打壓，都是不正常的盤面表現，它的欺騙性更大。

在烏雲蓋頂形態中，若開盤後很快就插入陽線的實體部分較深，表明第1天的拉升為假動作，是主力出貨而刻意拉升。若在中盤時段插入，表明上方壓力較大，主力放棄上攻，上漲行情暫時告一段落。若在尾盤幾分鐘甚至更短的時間裡，以迅雷不及掩耳之勢偷襲打壓股價，表明主力故弄玄虛、虛晃一招，製造空頭市場，後市將出現續升行情。

（3）烏雲蓋頂形態出現在股市頭部，是散戶普遍可接受的形態。但有時出現在水平整理的末端，形態效果非常明顯。比方說，股價遇到一個短期無法攻克的重要壓力位，主力一時又無耐心消化，而主動放棄，最終股價向下滑落，殺傷力會很可怕。散戶不要以為不是市場頂端，而輕視這個形態，結果吃大虧。

（4）看股價所處位置。股價較高、漲幅較大，特別是主升段行情之後出現的烏雲蓋頂形態，可靠性遠比底部出現的訊號高得多，應適時逢高減少部位或出場觀望為宜，尤其是上漲超過1倍的股票，本身就已累計巨大的風險。或者，在烏雲蓋頂形態出現之前，股價加速上漲走勢，風險都很大。

（5）有經驗的投資者還可以觀察一些盤面細節。在烏雲蓋頂形態出現之前，股價在加速拉升過程中，經常會在委買處掛出大手筆買單，但真正成交的很少，這是主力引誘散戶接盤的假象。

在形態出現的當天，盤中有大量的主動性賣盤，且在股價下跌過程中，買二或買三的位置不斷有大手筆的買單掛出，股價卻步步走低。當股價下跌幾個價位後，這些大買單又會在下面的價位上重新掛出，如此反覆多次，主力的籌碼所剩無幾。當形態出現後，在委買價位就沒有大買單了，只是出現一些零散小單，且盤面上出現大量的主動性賣單。根據這些盤面細節的變化，可以確定烏雲蓋頂形態的可信度。

（6）在烏雲蓋頂形態產生後，結合技術指標、形態、趨勢和波浪等因素綜合分析，相互驗證、結合。比方說，技術指標有無死亡交叉、頂背離現象；股價是否向下突破一個重要技術形態，例如：下降三角形、上升楔形、頭肩頂等；烏雲蓋頂形態是否出現在第5浪上升的後期。若出現這些因素，烏雲蓋頂形態的可靠性比較高，應及時出場觀望。

🛈 K線組合 2：假陰包容線

股價經過連續一段時間的攀升行情後，在相對高位出現一根大陰線，包容前面1根或數根上漲陽線、小陰小陽線或是十字線。通常出現這些形態是見頂訊號，投資者以賣出操作為主。

但是在實戰操作中，不像投資者預期的那樣悲觀，股價沒有下跌多少就止跌回升，並且形成強勁的上漲行情，因此成為頭部陰包容線陷阱。

見圖表3-9，方大炭素的主力成功構築底部後，股價漸漸脫離底部區域，出現加速上漲勢頭。2017年7月13日，股價開高走低收出一根大陰線，這根大陰線穿頭破腳，完全吞沒前一天的中陽線，一個標準的陰包容線形態泯滅前一天的上漲勢頭，不少投資者見到這個形態紛紛拋售出場。

不過，股價沒有出現明顯回檔，第2天就站穩回升，再次步入強勢上漲行情，成為陰包容K線組合陷阱。

從走勢圖分析，陰包容線有以下3個技術疑問：首先，均線系統支撐有力，30日均線支撐股價持續上漲。其次，盤面走勢穩健，股價漲跌有序，回檔恰到好處。第三，在陰包容線形態產生之後，股價沒有出現持續下跌走勢，更加懷疑這個形態的真實性。由此可見，雖然該股出現一個陰包容線形態，但並未破壞整個形態，屬於主力正常的上升換擋過程。

在實戰操作中，判斷陰包容形態的真假時，可參考以下6個技術要點。

（1）觀察形態產生時間的早晚。通常插入時間越早，可靠性越高；插入時間越晚，可靠性越低。特別是尾盤打壓或拉升，都是不正常的盤面表現，其欺騙性更大。

在盤面細節上，開盤後很快就插入前1天的K線實體部分較深，表明前1天的K線為假動作，是主力的刻意行為。若在中盤時段插入，表明上方壓力

| 圖表3-9 | 方大炭素（600516）的盤面走勢圖 |

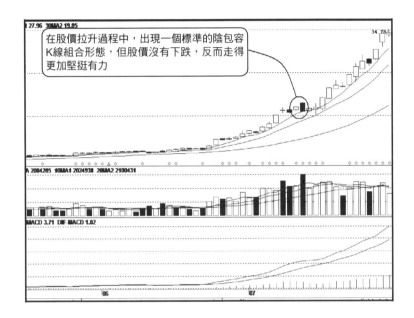

在股價拉升過程中，出現一個標準的陰包容K線組合形態，但股價沒有下跌，反而走得更加堅挺有力

較大，主力放棄上攻，上漲行情暫時告一段落。若在尾盤幾分鐘甚至更短的時間裡，以迅雷不及掩耳之勢打壓股價，表明主力故弄玄虛，製造空頭市場，後市將出現續升行情。

（2）**分析次日走勢**。包容線是由2根K線組合而成，但僅憑2根K線的情況分析後市，並以此作為買賣依據有點牽強。

因此，建議觀察次日（或多日）的走勢狀況，如果次日股價在前一日收盤價附近盤穩，或是繼續朝著包容方向發展，形態訊號的可靠性較高。如果次日股價反向回到包容線位置運行，或是重新包容前一日的K線，則構成新的包容，說明對方力量十分強大，先前的形態屬於主力刻意所為，有欺騙的性質。

（3）**觀察股價位置**。在高價位區出現陰包容線時，可靠性較大；在中、低價位區出現陰包容線時，可靠性較差。

（4）**觀察力道大小**。如果包容線的力道大，一根陰線包容數根陰陽

線，如同一把屠刀，切斷各種中、短線的支撐，訊號的可靠性高，否則為疑似訊號，可靠性低。

（5）**觀察技術指標狀態**。例如KDJ、RSI、W%R等，在買超賣超區域出現嚴重鈍化或鈍化時間較長，則包容線的可靠性高，而反之則可靠性低。再如MACD、RSI、KDJ等，有背離功能的技術指標出現頂背離或底背離時，也是判斷行情發展趨勢的重要技術指標。可以根據背離法則研判，便能克服K線的某些盲點。

（6）**出現反打前三的盤面現象**。在陰包容線的陷阱中，經常出現「反打前三」的盤面現象，也就是在多頭趨勢中，前面連續漲3根陽線，第4天突然一根大陰線實體吃掉前面3根陽線。

這種形勢具有相當的威懾效果，尤其在散戶對股價運行仍存有相當大的疑慮時，大部分散戶都會極度恐懼，紛紛出脫持股。當沒有信心的散戶離開之後，股價卻朝著原來的上漲方向前進，連續走出上漲行情。

🄢 Ｋ線組合3：假黃昏之星

在實戰操作中，黃昏之星形態也有許多虛假訊號。

股價經過較長時間的持續上漲行情後，一根上漲大陽線形成加強上漲勢頭，但第2天在高位收出一根十字星線，股價上漲勢頭遇到一定的壓力。第3天一根大陰線從上而下，股價的上漲勢頭被徹底扭轉，一個看跌的黃昏之星形態油然而生。

投資者見到這個圖形，紛紛拋售手中持股。但是，隨後的股價走勢沒有出現預期的下跌行情，只是在小幅回落或短暫的橫向整理後，重返升勢，甚至走出主升段行情，否定具有強烈看跌意義的黃昏之星形態，形成一個空頭陷阱。

見圖表3-10，創業環保經過長時間的下跌調整後，主力順利完成建立部位計畫，股價快速向上脫離底部區域。短期股價漲幅較大，這時股價開始回檔，2017年4月中旬，股價在高位形成一個看跌黃昏之星形態。

那麼，這個黃昏之星形態是不是見頂訊號？起初看起來很有可能，特別是調整陰線伴隨著巨大成交量，這通常是主力出貨的表現，而且短期股價已

圖表3-10　創業環保（600874）的盤面走勢

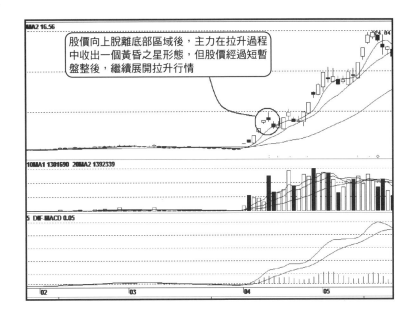

經有不小的漲幅，所以被許多人理解為看跌形態。

　　不過，在黃昏之星形態產生之後的幾天內，股價沒有出現持續下跌走勢，黃昏之星形態受到質疑。經過短暫的回檔整理後，股價再次出現快速上漲行情，黃昏之星形態成為一個洗盤整理形態。

　　在實戰中，判斷黃昏之星形態的真假時，可以參考下列10個要點。

　　（1）認真分析行情性質。通常在由散戶主導、主力自救的行情中，要高度警惕黃昏之星形態，隨時可能出現下跌走勢。當然，如果有足夠的理由證明主力在洗盤換手，可以不必理會這個形態，甚至採取反技術操作。

　　（2）觀察黃昏之星出現的位置。若在高位，股價累計漲幅較大，可能是真正的見頂形態。若在低位，股價漲幅不大的位置，屬於正常回檔整理的可能性較大，後市仍有上漲潛力。一般來說，在長期的熊市末期，股價從高位下跌超過50%時，可靠性較差。同樣地，股價從底部開始，經過充分炒作後，漲幅達到1倍甚至以上時，可靠性較高。

對於回檔洗盤的認識，一般正常的洗盤幅度在20%左右，超過這個幅度時，其形態值得分析。對於反彈行情的認識，雖然反彈幅度有時難以預測，但可以運用壓力位、黃金分割線、成交密集區等判斷。若在這些區域附近出現這個形態，可靠性較高。

（3）**觀察上影線**。如果形態中的上影線較長，並伴隨較大的成交量，應採取減少部位觀望的保護措施。

（4）**觀察均線與乖離率**。股價遠離均線、乖離率偏大時，市場存在回檔的要求。這時如果出現黃昏之星形態，準確率較高。

（5）**注意黃昏之星產生後的第4天**。若繼續拉出陰線，可靠性更高。若股價盤中反彈時，超過第3天實體陰線的1/2以上，可靠性大大降低。

（6）**當成提示訊號**。謹慎的投資者可以把黃昏之星形態當作提示訊號。待股價向下突破上升趨勢線、技術形態或出現其他看跌訊號時，再採取買賣行動。

（7）**黃昏之星處在趨勢的位置**。黃昏之星形態只有在趨勢行情的頭部、下跌途中的反彈高點時，才具有測市判勢的意義。在上漲途中或牛皮盤整市裡，無實質的分析意義，應改用其他技術分析方法研判。

（8）**黃昏之星與反轉確認走勢的關係**。在漲勢初期出現黃昏之星形態，以主力建立部位對待為佳，此處可以逢低吸納，在漲勢中途出現黃昏之星形態，不妨把它當成反轉確認或震盪洗盤對待。在漲勢末期出現黃昏之星形態，不管成交量是否放大，最好出場觀望。

（9）**黃昏之星在不同行情中出現的次數**。在一輪上漲行情中，可能多次出現黃昏之星形態，初次出現的可信度最差，之後準確率逐步提高。相反地，在一輪下跌行情中，也可能多次出現黃昏之星形態，初次出現的可靠性最高，之後準確率逐步降低。

（10）**與壓力位結合一起分析**。當股價上漲遇到重要壓力位，例如：趨勢線、技術形態、一個浪形的轉捩點、黃金分割線、成交密集區和整數關口等，若在這些區域附近出現黃昏之星形態，訊號的可靠性較高。或者說，若黃昏之星形態處在壓力位之下，看跌效力更加強烈。

K 線組合 4：假黑三鴉

　　股價經過一波較大的上漲行情後，多方力量得到較好的發揮。同時又遇到上漲壓力，股價停止原來的上漲趨勢，盤面形成震盪調整走勢。不久，3根持續向下的陰線形成黑三鴉形態，徹底動搖多方的信心。技術形態呈現空頭趨勢，預示股價將出現深跌，是一個較好的賣出時機。

　　但是在實戰操作中，投資者根據這個技術形態賣出股票後，股價沒有如期出現下跌行情。只是小幅的技術回探，很快結束調整走勢，出現新一輪上升行情，令出場者唏噓不已。

　　出現這種盤面現象的主要原因有5個：①正常的主力洗盤行為；②遇到技術壓力需要消化；③主力故意向下試盤；④股價沒有到達主力目標價位；⑤有時主力失誤，造成一時籌碼鬆動，不得不重新鎖定，這時也可能出現技術陷阱。

　　見下頁圖表3-11，雅戈爾經過長期的盤跌後，逐漸見底回升，股價經過一波小幅反彈後，在高位出現一個黑三鴉形態。不少投資者看到這個形態後，產生恐懼，認為股價又要下跌，於是出脫股票。但是，隨後股價走勢否定散戶的判斷。經過短暫的整理後，股價再次出現上漲行情，黑三鴉形態成為一個空頭陷阱。

　　對於這類個股，投資者可以從以下7個方面分析。

　　（1）關注形態出現的位置，在股價漲幅較大的高位出現時，可以不考慮後市走勢，先出場保住勝利的果實是上策。在股價盤整的突破走勢中，可以與均線、技術指標及技術形態、趨勢等結合分析。如果該形態得到空方技術趨勢的支持，下跌的可靠性較大。如果該形態得到多方的技術趨勢支撐，有可能回歸到多方技術發展方面，這時的黑三鴉形態演變為空頭陷阱。

　　（2）在產生黑三鴉形態的過程中，成交量必須明顯萎縮。而且在這個過程中，股價的回落幅度不能太大，盤中也不能出現過多的主動性賣盤。

　　（3）在產生黑三鴉形態的過程中，經常出現大單掛在賣三或賣四位置，但在股價回落到一定程度後，這些大單又不見了。這裡的大單，明顯是主力故意掛在上面壓制股價上漲。投資者可以想像，如果主力真的想出貨，不可能會在上面掛大賣單，因為這麼做等於直接告訴投資者主力在出貨。

圖表3-11　雅戈爾（600177）的盤面走勢圖

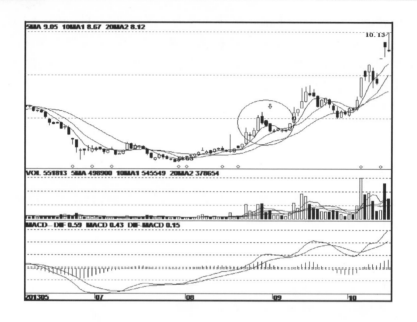

（4）分析黑三鴉形態形成後的技術意義，是否成功擊穿均線的支撐。通常股價回落到30日均線附近時，會遇到強大的支撐而回升。在這個過程中，買盤明顯比之前強勁，隨後股價直接向上突破5日或10日均線的壓力。

同時，觀察股價是否脫離技術形態，例如：三角形、箱型、楔形等。或是脫離長期形成的盤整區，例如：前期成交密集區、整數點位、黃金分割位等。這時，技術因素對黑三鴉形態的驗證十分有效，因此可驗證黑三鴉形態的真假及漲跌力道。

（5）可以觀察該形態產生後的上漲力道。該形態由於短期的賣超行為，導致技術指標鈍化，需要一個反彈修復的過程，而這個反彈過程對後市的發展趨勢發揮很大的作用，甚至有決定性作用。

具體的操作策略要把握2點。一是在該形態出現後，僅出現幾根細小陰陽K線，未能收復至少1/2以上的失地，後市必有一跌，這時的K線組合已演變為下跌三法形態，應看空、做空。另一種現象是，在該形態出現後，幾根

陽線成功收復1/2以上的失地，後市很可能止跌回升，通常收復的失地越多，黑三鴉形態的作用越小，股價重新回到前期的技術形態中，這時不能輕易定為黑三鴉的結論，應從空頭陷阱去思考。

（6）在實戰操作中，該形態更注重K線的排列和形態的組合，而重要的缺陷是忽視下跌陰線實體的大小。粗大的黑三鴉形態肯定比細小的黑三鴉形態可靠得多，它的破壞性和殺傷力都更強，投資者一定要把握這點。

（7）在實戰操作中，出現該形態時，短期股價往往已有一定的跌幅。這時如果跟風殺跌，可能會賣在短期低點位置，不妨等待反轉反彈時，逢高出場。

【假技術形態】出現雙重頂、頭肩頂⋯⋯，可能是大陷阱

形態 1：假倒 V 形頂

倒V形頂是猛烈的頭部反轉訊號，標誌著原來的多方突然翻空，使整個形態發生突變。僅此來說，倒V形頂本身是一個巨大陷阱。因此，研究倒V形頂的技術陷阱，就是分析其形態的失敗。

見圖表3-12，中國武夷的主力吸足籌碼後，股價逐步脫離底部，連續幾天出現快速拉升走勢，然後股價快速回落形成倒V形形態，預示股價漲勢已經結束，構成賣出訊號。可是，股價經過小幅調整後，遇到強大的均線系統支撐而止跌上漲，接著出現短期飆升行情，而形成倒V形頂陷阱。

那麼，從該股的倒V形形態中，能看出什麼問題？

（1）該股雖然出現幾天的快速上漲行情，但整體上漲幅度不大。如果行情就此了結，主力獲利不大。從成本角度分析，主力就此結束行情的可能性非常小，反而說明這是主力借用技術形態洗盤整理。

（2）一般來說，倒V形成為中級頭部，需要在下跌過程中有成交量的放大配合。因為倒V形頂意味著原來的多方突然翻空，不惜一切逃命，成交量放大是驗證這種情況的訊號。如果沒有成交量的配合，倒V形往往只是短期頭部形態，經過調整後股價仍然走高。該股在回落時成交量明顯萎縮，表明主力沒有大規模拋售，籌碼仍然處於主力的掌控中，賣出的只是一些低位進場的散戶，因此下跌動能不足。

（3）股價下跌時遇到均線的支撐，不斷上移的30日均線支撐著股價進一步走高，而且股價下跌時也遇到前期高點的支撐。前期高點的壓力已成功

図表3-12　中國武夷（000797）的盤面走勢圖

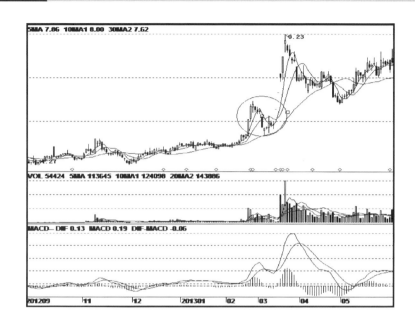

轉化為支撐，阻止股價繼續下跌，因此下跌只是技術性回檔。

可見得，在判斷倒 V 形頂的真假時，要觀察價、量、位置及均線。

在此告訴大家一個經驗，如果股價成功站上 30 日均線後，且這條均線是上漲趨勢，當股價第 1 次回落到 30 日均線附近時，幾乎有 90% 以上的機率會出現強勢反彈。當股價第 2 次回落到 30 日均線附近時，通常也有小幅反彈行情。當股價第 3 次回落到 30 日均線附近時，要結合其他技術綜合分析，當然最好的方法是不參與。

形態 2：假雙重頂

雙重頂是一個重要的頭部反轉形態，預示上漲行情已結束，後市股價將出現下跌行情，具有強烈的看跌意義。因此，可以根據雙重頂形態的買賣法

| 圖表3-13 | 雅化集團（002497）的盤面走勢圖 |

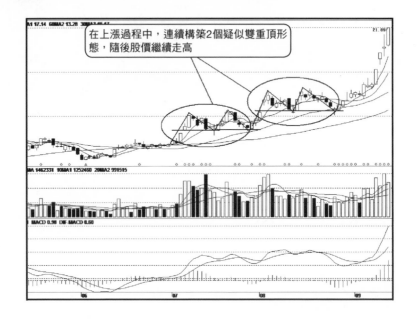

則及時賣出做空，等待股價下跌。但在實戰操作中，雙重頂不一定完全出現在原始趨勢的頭部區域。有時候在市場上漲行情的整理過程中，也會出現雙重頂形態，因此成為雙重頂失敗形態。

也就是說，形成雙重頂形態之後，經常發生股價繼續上漲的情況。這給預測後市增加不少難度，加上主力故意設下技術陷阱，因此股市出現不少虛假資訊。

見圖表3-13，雅化集團股價見底後，實力強大的主力入駐其中，經過充分的震盪築底，主力達到高度控盤，股價悄然脫離底部區域。經過一波上漲行情後，股價出現回落調整，然後繼續上攻。

2017年7月，當股價突破前期高點後，沒有形成持續拉升行情，而是在高位出現震盪走勢，經過幾次起落，K線圖形成2個疑似雙重頂形態，通常這是一個短線賣出訊號。誰知道，這是一個假的雙重頂形態，股價小幅回落後，在30日均線附近獲得站穩，展開新一輪放量上漲行情，形成雙重頂失敗

形態，使不少散戶受騙上當。

　　這支股票是一個典型的雙重頂失敗形態。從表面上觀察，確實像雙重頂形態，2個頭部對稱，時間跨度也適中，是一個很標準的雙重頂形態。那麼為何會說它是失敗形態？有經驗的投資者早已看出，該雙重頂形態沒有成功構成，股價向下突破頸線時，遇到強大支撐而回升。確切來說，這只是一個雙重頂的雛形。這個雛形能否實現，最終要看能否有效突破。事實說明，最後沒有成功突破，其原因有以下4個。

　　（1）得到雙重頂中間回落低點的支撐，也就是頸線附近的支撐。股價到達這個位置時，買盤逐漸增加，將股價逐步推高。

　　（2）得到前期成交密集區的支持。該股的頸線恰好是前期成交密集區的上邊線，此處已由原來的壓力轉化為新的支撐，對股價發揮較強的技術支撐作用。

　　（3）得到30日均線的有力支撐。股價回落時恰巧遇到30日均線，不斷上移的30日均線支持股價進一步走高，一時不會對股價構成威脅。

　　（4）股價調整時，成交量大幅萎縮，做空動能不足，表明主力沒有出貨機會。

　　由此可見，該股雙重頂不能成立。投資者在實戰中，不要提前下結論。該股的第2賣點和第3賣點都沒有出現，因此不必驚慌。在第1賣點也就是前期頭部附近賣出的投資者，反而可以在股價重回之前的雙重頂時，再次適量買進。

　　在實戰中遇到雙重頂形態時，應掌握以下9個要點。

　　（1）一些有經驗的投資者，在雙重頂形成之前就採取必要的減少部位措施，取得很好的成效。具體做法有以下3個。

　　第一，假如第1個頂點出現後，股價下跌幅度較深，之後再次上漲到第1個頂點附近時，當時成交量與前期相比明顯減少，就要懷疑它可能構成雙重頂，這時應賣出一部分籌碼，不要等到雙重頂形成時才行動。

　　第二，假如第1個頂點出現後，股價跌到一個相當幅度的低點時，突然發現第1個頂點的圖形，似乎有構成圓頂的跡象。但這個圓頂尚未完成向下突破，而在這個圓頂形態中的成交量卻呈現不規則變動，其後股價再度上升

到第1個頭點附近時,考慮賣出籌碼。

第三,如果股價形態同時符合上述2個條件時,構成雙重頂的可能性更高,這時應採取斷然賣出的措施。

（2）雙重頂的2個高點很多時候不一定在同個價格水平,第2個高點一般也較第1個高點高一些,顯示股價經過之前的上漲後,仍有部分投資者看好後市,企圖推高股價,但是高位遇到強大壓力而回落。

（3）雙重頂的構成時間比頭肩頂短,套牢的浮動籌碼也比頭肩頂少,因此不一定完全出現在原始趨勢的頭部。有時候,在股市漲升行情的整理過程中,也會出現較小的雙重頂形態。也就是說,頭肩頂形態大多出現在行情大漲之後的頭部,但雙重頂形態除了可以出現在行情大漲後的頭部之外,也可能出現在大漲或大跌行情的中途。

（4）雙重頂的一邊不一定需具備圓形頂,而圓形頂也不一定要在第1個頭部出現。但對圓形頂出現在第1個頂點還是第2個頂點,則沒有特別強調,也不影響預測結果。

（5）股價跌破頸線的當日,以決定性的3%以上幅度向下跌破雙重頂的頸線時,為強烈的賣出訊號。有時,股價在跌破頸線時會有短暫反彈,以收盤價為基準,只要不突破頸線達3日以上,就可視為反轉,後市走勢仍會下跌。因此,當股價反轉到頸線附近時,持股者應及時抓住最後的拋售機會。

（6）通常股價下跌不需要放量,但股價向下突破頸線的那幾天,若出現較大的成交量,則突破訊號更加強烈。當然,股價跌破雙重頂頸線時,成交量不上升,也視為有效的賣盤訊號。另外在雙重頂形態中,第2高峰的成交量應比第1個低,才能反映買盤正在減弱,疑似要構成雙重頂。

（7）關注支撐位的突破。股價上漲形成的走勢、形態等,構成股價整體上升走勢,它反映股價運動的趨勢和方向。上升趨勢是由K線、形態、均線、軌道線等構成。這些圖形或線條非常直觀,一旦股價下跌破壞原先的上升軌跡,圖形就會變得非常難看。

通常,當股價下跌到某個成交密集區或關鍵位置時,將得到支撐而不再下跌或抵抗下跌。如果股價脫離上升軌跡而下跌,並擊穿那些應有支撐的位置時,就會產生破位圖形,後市將看跌。

那麼,股價在哪些地方應有支撐?在主力的持股成本或平均成本附近;

股價原先突破較大的技術形態後再回檔時，這個形態的密集成交區附近有支撐；股價10日、20日、30日均線有一定的支撐；主力正在出貨和出貨未完成前，在主力預定的出貨區域附近有支撐。

此外，從來沒有炒作過的股票，如果市場定位合理，在密集成交區附近股價也有較強的支撐等。在大多數情況下，股價在底部區域震盪時有一定的支撐。若主力需要擊破包括技術派在內所有看好者的信心，而凶狠洗盤時，各種形式的破位在所難免。這時可以說股價幾乎沒有支撐，主力正是借此吸貨、洗盤、整理。

常見的盤面現象有：①擊穿均線；②擊穿上升趨勢、上升通道、上升角度、波浪趨勢；③擊穿頸線位、前期低點；④擊穿重要技術形態；⑤擊穿長期形成的平台；⑥股價脫離主力持股成本區、市場平均持股成本區、密集成交區；⑦股價脫離主力預定的出貨區。

需要注意的是，在頭部區域主力出貨完畢之後，股價是沒有支撐的。另外，在熊市中大部分情況下也沒有支撐，僅個股控盤程度較高的強勢主力股有，因此當雙重頂形態出現後，如果股價有效擊穿一個重要的支撐時，做空訊號會進一步加強。

（8）突破的首要前提是股價的位置和階段。假設處於底部吸貨區、中途整理區、主力成本區附近，若向上突破，則真突破的機率較大，若向下突破，則假突破的機率較大。假設處於高位出貨區、遠離主力成本區，若向上突破，則假突破的機率較大，若向下突破，則真突破的機率較大。

（9）在雙重頂形成時，KDJ、RSI、MACD等技術指標，經常出現背離情況。因此，結合K線、技術指標及波浪形態綜合分析，並相互驗證。在股價突破時，如果得到其他技術的支援，可以提高賣出訊號的準確性。

形態 3：假頭肩頂

頭肩頂形態是股市最常見的形態，也是最著名、最可靠的頭部反轉形態，有著強烈的看跌意義。在頭肩頂形態中，股價經過3次上漲後，不能形成持續的上漲行情，表明市場風險開始聚集，最樂觀的上漲時刻已過去，後市股價將出現下跌行情。

　　但是，有時看似非常標準的頭肩頂形態，實際上是技術陷阱或失敗形態。股價經過短期的調整蓄勢後，形成一波新的上漲行情，使不少散戶投資者踩空受騙。

　　見圖表3-14，京東方A的主力在底部完成建立部位計畫後，股價緩緩向上走高，當股價有一定的升幅後，出現低位短線獲利盤和前期高位套牢盤，且股價出現震盪走勢，在上下震盪過程中形成一個小型頭肩頂形態。

　　2017年3月，連續出現3根下跌陰線，一舉擊穿頭肩頂的頸線，預示漲勢行情即將結束，許多散戶因此出場觀望。誰知道，這是主力精心編制的空頭陷阱，股價在頸線之下經過短期調整後，重新聚集做多能量，股價展開新一波漲升行情。

　　頭肩頂通常出現在長期漲勢的頭部，預示上漲趨勢將結束，是一個頭部轉向訊號。一般來說，股價經過一段上漲後，主力在高位全面完成出貨是需要時間的，多空雙方在高位也會有一番較量。因此，形成頭肩頂形態的時間較長。

　　形成一個完整的頭肩頂形態，需要3至4個月的時間，甚至超過半年以上。時間太短的微型頭肩頂形態不太可靠，在週線圖中出現的頭肩頂，比日線圖中出現的頭肩頂要可靠得多。小型頭肩頂可能是市場震盪過程中自然而成，也可能是主力故意構築的形態，因為形態微小，主力容易做假圖形。

　　從走勢圖中可以看出，一個小型的頭肩頂形態，時間只有1個多月，屬於上漲過程的正常回檔。而且，30日均線依然處於上漲中，MACD指標處於0軸上方，說明中期趨勢仍然處於強勢。

　　另外，股價向下突破頭肩頂的頸線時，成交量大幅萎縮，表示賣盤不大，籌碼沒有鬆動，無量突破不得不讓人懷疑，主力向下突破是為了更加徹底洗盤換手，是主力故意打壓所致。

　　在實戰中遇到頭肩頂形態時，應掌握以下10個要點。

　　（1）當最近一個高點的成交量較前一個高點低時，暗示頭肩頂出現的可能性。當第3次反彈時，股價無法升抵上次的高點，成交量繼續下降，有經驗的投資者會把握機會脫手。通常是左肩最大，頭部次之，右肩最小，反映市場買盤逐漸減少。

　　（2）無論是否成為頭肩頂形態，以及它的成交量多少，當第2次上升後

圖表3-14　京東方A（000725）的盤面走勢圖

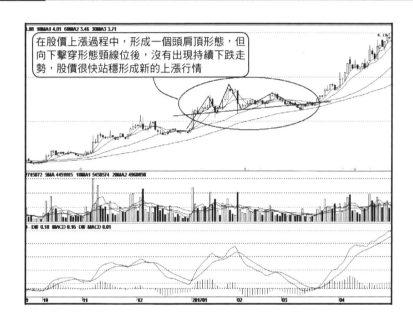

> 在股價上漲過程中，形成一個頭肩頂形態，但向下擊穿形態頸線位後，沒有出現持續下跌走勢，股價很快站穩形成新的上漲行情。

的回跌收盤價，跌破疑似左肩的頂點價格時，可視為警告賣出訊號。也就是說，可以不等待是否出現右肩，在股價跌破左肩頂點時就提早賣出，這是第1個賣出點。

（3）下傾的頸線賣壓較大，經過第3次上升後，可以劃出一條頸線，標準頭肩頂的頸線接近水平。但在實戰中，頸線大多呈現上傾或下傾。下傾頸線反映第2個低點較第1個低點低，大多為市場人氣轉弱的指標，屬於弱勢頭肩頂，小心大幅下跌。若為上傾頸線時，反映第2個低點比第1個低點高，代表市場買氣極旺。在這條上傾頸線附近，大多會有較強的支撐，但最終也會被跌破。

（4）頸線確定後，可以取左肩的頂點，劃出一條穿過頭部的頸線平行線。在右肩達到或接近這條平行線附近時賣出，為第2個賣點。當股價向下跌破頸線時，為第3個賣點，也是最強烈的賣出訊號，不論當時市場利多消息如何。

（5）股價向下跌破頸線時，成交量大多會增加。假如跌破頸線後數天的成交量仍然很少時，就常會出現暫時的彈升，使股價又回到頸線附近，但很少穿過頸線。如果反轉後突破頸線達到3%以上，小心屬於失敗的頭肩頂形態，要重新考慮買進。

（6）形態完成後，股價下跌到預測低點時，經過一段時間的盤整，都會再有另一段漲升行情到來。除了可以在上述預測能力最小跌幅附近買進，並逢高賣出。

另外，根據經驗，由於線圖座標取點的差異，不同基點座標依照上述劃出來的時間距離，會有所不同。因此可以在形態跌破頸線後，計算出完成這個頭部形態所用的交易天數，再將交易天數除以2，作為跌後整理最少所用時間，並在該預測時間附近考慮買進。

（7）根據艾略特波浪理論，如果頭部的高點到右肩的最高點之間，出現一個3波段的下跌和一個3波段的上升時，形成頭肩頂形態的可能性極高，應該趁早賣出以確保獲利。如果頭部高點到右肩的最高點之間，並未出現一個3波段的下跌和一個3波段的上升時，縱然股價已經破頸線，但在沒有達到往下突破口的標準前，也應暫時以假突破視之。

（8）具有高度對稱，頸線趨於水平，儘管左肩和右肩成交量不一致，但在價格形態上都趨於一致，左肩營造的時間與右肩差不多。但是，左右肩的高位大致相當。

（9）頭肩頂向下突破頸線時，常常同時向下突破一條重要支撐線，或是同時向下突破30日均線，使頭肩頂形態更為可靠。當股價無量突破頸線，且突破的幅度不足以確認為正式突破時，有出現假突破的可能。如果股價在突破後不久又再度回到頸線之上（並非頸線反轉），應買進操作。

（10）為了避免頭肩頂對投資者造成重大傷害，在實戰操作中，要密切注意以下3個問題。

第一，當某個股價形成頭肩頂雛形時，要高度警惕，這時股價雖然還沒跌破頸線，但可以先出脫手中一部分籌碼，減輕部位，日後一旦發覺股價跌破頸線時，就將手中剩餘籌碼全部出清。

第二，上漲時需要成交量，下跌時可以放量，也可以不放量，對頭肩頂形態來說，主力可以用很小的量擊穿頸線，然後放量下跌，甚至仍維持較小

的量向下跌落，在不知不覺中深度地套牢投資者。

　　第三，頭肩頂對多方殺傷力道大小，與其形成時間長短成正比。因此，投資者不能只關心日K線圖，還要高度重視週K線圖、月K線圖出現的頭肩頂。如果週K線圖、月K線圖形成頭肩頂，表示股價長期走勢已經趨弱，股價將出現較長時間的跌勢。

【假技術指標】如何辨識
KDJ、RSI、MACD 的假訊號？

訊號 1：KDJ 假鈍化

KDJ指標的鈍化與其買超賣超現象相似，但理論上是先有買超賣超，後面才有鈍化，因此買超賣超是鈍化的前提和基礎，鈍化是買超賣超的延續或進化。

鈍化是股市行情往極端行情發展的特有現象，經常使技術指標進入盲區，造成判斷失效。

KDJ指標是所有技術指標中，鈍化現象最頻繁和持續時間最長的指標，在實戰中必須重視和克服。

根據KDJ指標的研判法則，當指標值到達超強勢區時，應賣出股票。但KDJ指標進入超強勢區後，長時間在那裡徘徊，指標無法繼續上升而到達極限值，但這時股價不理會指標的位置而節節升高，漲得讓人不敢相信。

在實戰操作中，KDJ指標高位鈍化出現在個股中，多數是大主力所為。在高位鈍化時，股價在拉升過程中很少有像樣的調整，收盤價維持在近期最高價附近，才會使KDJ指標一直保持在高位出現鈍化。

當KDJ指標（包括其他類似的震盪指標）出現鈍化時，如果股價繼續上漲，不被指標鈍化影響，說明主力志在高遠；如果股價漲幅不大（因股而異，通常以50%為參考標準），說明上漲勢頭未盡，出現強者恆強的現象。

見圖表3-15，方大炭素在2017年7月的上升行情中，KDJ指標在高位鈍化時間非常長，是十分罕見的現象，說明主力完全控盤，且志在高遠。主力在底部吸納大量低價籌碼，經過拉升前的預演和充分的洗盤調整後，股價進

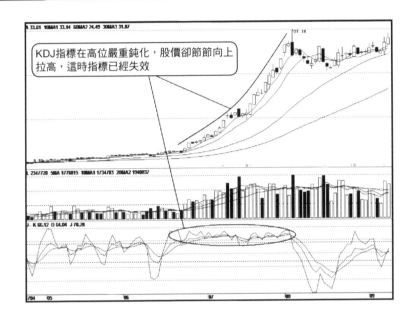

圖表3-15　方大炭素（600516）的盤面走勢圖

入主升段，上漲勢頭如虹，呈現連續拉高。KDJ指標迅速到達強買超區域，J線鈍化後不久，K線和D線隨之鈍化。

　　按照KDJ指標的一般作用法則，這時應是賣出時機。然而，股價不理會KDJ指標的高位鈍化，仍然強勢上攻、飆升而上，短期漲幅十分巨大，漲得讓人不敢相信。

　　參照走勢圖可以看出，KDJ指標在高位出現鈍化後，從60分鐘、30分鐘及15分鐘的KDJ指標走勢圖中發現，仍然有規律、有節奏地往上攀升，週線KDJ指標上升趨勢更為明顯。

　　在成交量方面，主力僅有1天時間為了洗盤的需要，而放出對敲巨量。從盤面分析，主力的做多意願強烈，沒有到達出貨時機。MACD、TRIX、NOLL、DMA、EXPMA、SAR等中長線技術指標，出現強烈的多頭特徵，因此牛氣衝天。

　　在實戰操作中，遇到KDJ指標鈍化訊號時，應掌握以下4個技術要點。

（1）當日線KDJ指標出現高位（或低位）鈍化時，應觀察K值與D值的相對位置，是保持多頭排列還是已呈現空頭排列，是K值與D值在高位鈍化後仍有黃金交叉出現，還是在低位鈍化後仍有死亡交叉出現。

如果是多頭排列，在高位鈍化後仍有黃金交叉出現，那麼多頭行情仍將延續。如果是空頭排列，在低位鈍化後仍有死亡交叉出現，那麼空頭行情仍將延續。鈍化是背離的前奏，觀察日線KDJ指標從鈍化到背離的過程，也有助於走出鈍化的盲區。

（2）KDJ指標鈍化後，可以將日線改為分時走勢圖。如果難以從日線KDJ指標鈍化後的相互位置關係來分析，不妨細細品味60分鐘和30分鐘走勢圖，根據分時指標的特點來把握最佳進出點。

畢竟分時的變化頻率比日線快得多，要使30分鐘、60分鐘KDJ值產生鈍化並不容易。況且，即使它們無奈地一路鈍化下去，還有頻率更快的15分鐘值和5分鐘值，總有一點是可以找出突破口的。此外，還可以透過週線KDJ指標研判中長線波動趨勢，進一步化解盲區的判斷，這點與RSI、W%R等技術指標的盲區鈍化破解原理是一致的。

（3）看成交量變化。在KDJ指標出現鈍化後，如果成交量沒有異常變化，量價配合在恆等狀態，表明股價仍運行於原來的勢道中。如果股價在高位出現放量不漲，表明資金有抽離的嫌疑，這時應高度警惕，只要有風吹草動，就要迅速撤退。

相反地，KDJ指標在低位賣超區域鈍化之後，如果股價放量下跌，表明有資金出逃；如果成交量呈現恆等狀態，股價下跌不休，表明做空力量沒有釋放完畢，不可盲目炒底；如果股價在低位放量上漲，表明有新資金介入，可以逢低吸納；如果股價在低位放量不漲，表明仍有資金抽離，此處仍然不是真正的底部，股價可能要再下一個台階，不要被底部放量會漲所騙。

（4）改用其他中長線技術指標分析，例如MACD、TRIX、NOLL、DMA、EXPMA、SAR等技術指標。可以參考這些指標中的買賣訊號，如果相互驗證一致，準確性就高，可以根據指標訊號採取做多或做空。如果指標相互之間矛盾較多，準確性就差，應及時採取行動。

訊號2：RSI假背離

背離分析是RSI指標最重要的應用法則之一。當指標方向與股價漲跌走勢方向相反時，稱為背離。特別是指標與股價其中之一創出新高位或新低位、另一個未能創出新高位或新低位時，是典型背離。

當背離訊號出現時，原則上以指標方向作為買賣依據，而不是以股價方向。但是，背離訊號在實戰操作中，會遇到許多虛假圖形訊號。它的形成既有市場自發而成，也有主力操縱而成。

在實戰走勢中，RSI指標是在股價進入拉升過程中出現頂背離，股價屢創近期新高點。RSI指標也相應在80以上創出一個顯著的新高點，隨後股價出現一定幅度的回落調整，RSI指標也隨著股價回檔而回落。

當股價再次向上超越前期高點並創出新高點時，RSI指標隨著股價上揚反身向上，但沒有衝過前期高點就開始回落，這時RSI指標在50強弱分界，與股價形成頂背離走勢。RSI指標出現頂背離後，通常表明上漲行情接近尾聲，股價見頂回落的可能性較大，是較強烈的賣出訊號。在實戰操作中發現，頂背離的準確性要高於底背離的準確性。

見下頁圖表3-16，貴州茅臺的頂背離訊號出現在2017年1月至4月的上漲途中，股價調整後繼續震盪走高，RSI指標卻不能相應創新高，股價與RSI指標形成頂背離走勢。

按照RSI指標的常規買賣法則，這時應該獲利了結。但出乎意料的是，RSI指標出現頂背離後，股價沒有走低，而是稍做洗盤整理後繼續上攻。這是典型的RSI指標頂背離陷阱，是主力欺騙散戶的手段。RSI指標出現頂背離陷阱，表示主力控盤能力極強，在後續行情中通常都有不俗的表現。

從走勢圖中可以看出，RSI指標在50強弱分界線附近沒有形成快速向下走勢，更沒有到達20以下，表明下跌幅度有限，最後RSI指標向上突破頂背離的趨勢線和頂背離中的最後一個高點。

股價在回落時，成交量依然保持活躍狀態，盤內換手積極，多空交易活躍，浮動籌碼成功換手。股價已脫離底部區域，均線系統呈現多頭排列，30日均線支撐力道較強。因此，即使RSI指標出現頂背離利空訊號，短期也不會影響股價整體上升趨勢。

圖表3-16　貴州茅臺（600519）的盤面走勢圖

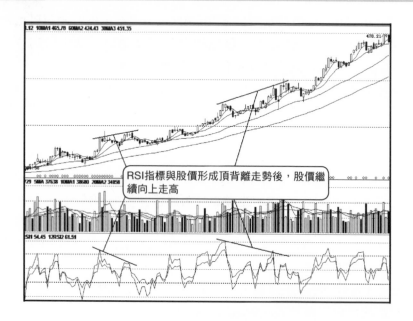

在實戰操作中，遇到RSI指標頂背離訊號時，應掌握以下5個技術要點。

（1）頂背離訊號形成後，要有明確的突破走勢，否則為疑似訊號。具體確認方法為：在RSI指標的50強弱分界線附近，快速有力地向下運行到達20以下。如果在頂背離訊號末端，RSI向上成功突破頂背離的趨勢線，或是頂背離中的最後一個高點，則確認為假訊號，可以考慮買進。在股價回落時，RSI指標在50強弱分界線得到支撐而回升，那麼訊號得到進一步確認，股價可能出現新一輪升勢。

（2）參考均線運行的方向，在出現頂背離之後，均線快速走平或向下轉頭，否則也是疑似訊號。

（3）RSI指標的背離訊號還要與股價走勢結合。在頂背離向下滑落時，股價應擊穿均線的支撐，且要連續多日收於均線之下，這樣方可確認訊號，否則都會成為虛假訊號或疑似訊號。

（4）結合波浪形態分析，頂背離形態出現在升勢的1浪、3浪中，可靠

性差，出現在上升5浪、B浪、延長浪中，可靠性較高。

（5）短線可以結合KDJ、DMI、W%R等技術指標分析，中長線可以結合MACD、BOLL、CCI等技術指標分析，進一步破解背離陷阱。

訊號 3：MACD 假死亡交叉

MACD指標的運行是週期性的，因此必然會發生DIF線和MACD線交叉的時候。交叉訊號是MACD指標的主要特徵之一，是中短期較為準確的買賣訊號。

理論上，DIF線由下向上穿過MACD線時，稱為MACD黃金交叉，為買進訊號；DIF線由上向下穿過MACD線時，稱為MACD死亡交叉，為賣出訊號。雖然MACD指標主要用於中長線操作，簡單、直觀、好用，但交叉陷阱一樣很多，仍然需要多加留意。

MACD指標的死亡交叉陷阱是最常見的陷阱。在圖表上，DIF線由上向下死亡交叉MACD線時，顯示市場逐步轉弱或反彈結束，表明空方占有一定的優勢，為賣出訊號。但是，死亡交叉形成後，股價沒有大幅下跌，僅以短暫的橫盤完成整理或小幅下探後，股價梅開二度再拾升勢，進而形成MACD指標死亡交叉陷阱。

見下頁圖表3-17，廣宇發展的主力完成建立部位任務後，股價在2017年8月25日開始向上突破，為了日後順利拉升股價，這時主力展開主動調整，對盤中籌碼充分洗盤換手，以減輕上漲壓力。同期的MACD指標從負值區黃金交叉向上到達正值區，不久隨著股價的調整，DIF線由上向下死亡交叉MACD線，形成一個標準的賣出訊號。

然而，MACD指標形成死亡交叉後，股價沒有大幅下跌。在相對高位短暫整理後，股價再拾升勢，成功向上突破前期高點，股價步入快速拉升行情。可見得，這時MACD指標出現的死亡交叉訊號是一個空頭陷阱。

該股在DIF線向下死亡交叉MACD線時，MACD線下跌角度不大，DIF線和MACD線之間的距離很近，顯示空頭力量不夠強大，這種形態通常是回檔調整所為。

這時均線系統繼續保持多頭排列，當股價下探30日均線附近時，遇到強

圖表3-17　廣宇發展（000537）的盤面走勢圖

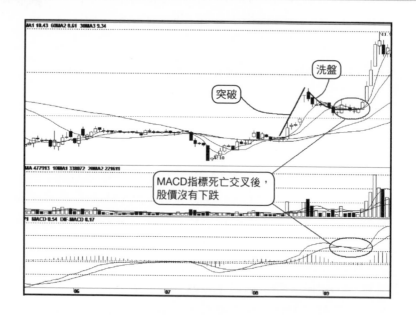

大支撐而回升，說明這是主力主動回檔洗盤換手的可能性極大。而且，股價下跌時成交量沒有放大，表明場內籌碼沒有鬆動的跡象，資金沒有明顯抽離市場，盤中籌碼已被主力成功鎖定，股價上漲是遲早的事。

俗話說：「能漲的股票不會跌，能跌的股票不會漲」，因此DIF線與MACD線死亡交叉是個空頭陷阱。當股價在30日均線附近遇到支撐，而再度放量走強時，投資者可以積極進場。

在實戰操作中，遇到MACD指標死亡交叉訊號時，應掌握以下5個技術要點。

（1）當MACD指標形成死亡交叉時，可以觀察MACD線的方向，是下降、走平還是上升，因為MACD線具有助漲、助跌效果。DIF線在死亡交叉MACD線時，如果MACD線呈現上升方向，股價的下跌力道可能較小，大多是回檔調整。如果MACD線平行，股價的下跌力道較強，大多出現在向下突破行情中。如果MACD線下降，交叉後的下降力道最強，大多發生在暴跌行

情中。

（2）當DIF線死亡交叉MACD線時，分析均線系統的排列情況。如果均線系統呈現空頭排列，DIF線死亡交叉MACD線，表明股價漲勢即將完結，行情進入空頭市場，這時應逢高及時出場。DIF線黃金交叉MACD線，表明市場出現反彈行情，或主力發動自救行情，這時不要過於樂觀，因為後市將再創新低。

（3）當DIF線死亡交叉MACD線時，分析成交量配合情況。當DIF線死亡交叉MACD線時，如果成交量同步放大，表明有場內資金撤離市場，應看空做空。如果成交量沒有放大，表明場內籌碼鎖定性好，主力手法穩健，這是回調換手洗盤手法，後市有向上反攻的可能。需要注意的是，有時主力為了隱蔽手法，故意形成量價失衡的走勢，造成散戶判斷失誤。

（4）當MACD指標發出買賣訊號時，應綜合其他技術指標具體分析，例如：TRIX、DMA、EXPMA、SAR、BOLL等技術指標。如果相互驗證一致，則訊號的準確性高，否則為疑似訊號。這樣可以彌補單項技術指標的缺陷，提高判斷準確度。

（5）當DIF線死亡交叉MACD線時，可以觀察股價走勢的技術形態特徵，這時是否出現頭部形態，例如：倒Ｖ形、雙頂、頭肩頂，以及下降三角形、上升楔形、下降旗形等技術形態。

【漲停開板】研判漲停板的股票時，應採取8種方法

封漲停後為何開板？

在主升段初期，經常出現股價拉1、2個漲停板後，故意打開漲停板，讓短線散戶出場，之後股價出現波瀾壯闊的大幅上漲行情。

主力這麼做的意圖是給低位進場散戶送紅包，解放前期套牢的散戶。因為在股價短期出現1、2個漲停板後，大多數散戶會選擇逢高退出，力求高賣低買，做波段操作。但是，在散戶逢高賣出後，主力根本不給逢低吸納的機會，股價很快大幅上漲，散戶遭受踩空陷阱。

這種情況包括2種形態：一是日K線連續漲停後開板震盪，二是分時走勢中封盤後開板震盪。無論屬於哪種走勢都可能會有2種上漲結果：一是後市股價再次快速飆升的行情，二是後市股價出現強勁的盤升走勢。

見圖表3-18，中科信息是一個漲停開板後，股價出現飆升行情的例子，可看見主力狡猾的一面。這支股票在2017年7月28日上市後，連拉10個一字漲停，然後在8月11日的日K線中開板震盪，當時在高位收出1根十字星線，成交量巨幅放大，當日換手率達到66.84%，表示這時大量的中籤散戶選擇開板出場。

那麼，釋放出來的散戶籌碼落到誰的手中？答案毫無疑問是在主力手中。不過，主力有這麼傻嗎？竟然在這麼高的價位接走散戶的籌碼，看來後市必有好戲。

8月14日，開盤後經過半個小時的震盪後，一波拉到漲停，直至收盤，可見主力的凶狠和狡猾。隨後股價再次大幅上漲，儘管遭到管理層臨時停

圖表3-18　中科信息（300678）的盤面走勢圖

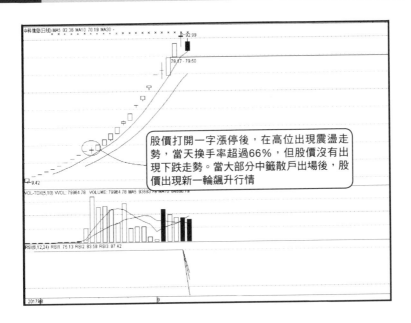

股價打開一字漲停後，在高位出現震盪走勢，當天換手率超過66％，但股價沒有出現下跌走勢。當大部分中籤散戶出場後，股價出現新一輪飆升行情

牌，但開板之後股價漲幅仍然達到240％。

　　見下頁圖表3-19，方大炭素是漲停開板後，股價出現盤升走勢的例子。主力在低位吸納大量低價籌碼後，於2017年6月26日出現加速上漲走勢，開盤後股價逐波走高，直至漲停。但是，在股價觸及漲停板後，主力沒有一次性封盤，而是在封漲停板下方長時間震盪，多次出現開板再封盤的現象。

　　在這個震盪過程中，不少散戶看到主力封盤不堅決，認為股價已經高了，擔心後市重陷盤整走勢中，自然而然選擇逢高出場，確保當天到手的勝利成果。當散戶賣掉該賣的之後，股價在尾盤封於漲停板，此後股價走出大幅上漲行情，短期漲幅超過200％。

　　主力的手段非常明顯，在給低位進場散戶送紅包，和解放前期套牢散戶時，連續幾日出現巨大成交量，換手率都超過20％，讓散戶感覺到主力放量出貨的假象。因此，在股價震盪過程中，大多數散戶會選擇逢高退出的操作思路，結果當散戶退出時，正是主力快要拉升的時候。

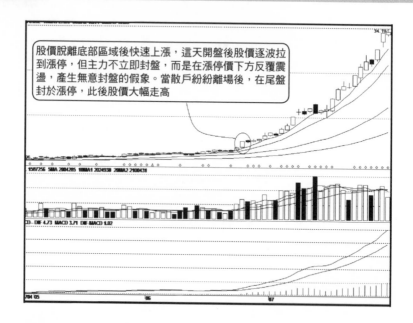

圖表3-19　方大炭素（600516）的盤面走勢圖

股價脫離底部區域後快速上漲，這天開盤後股價逐波拉到漲停，但主力不立即封盤，而是在漲停價下方反覆震盪，產生無意封盤的假象。當散戶紛紛離場後，在尾盤封於漲停，此後股價大幅走高

漲停板後的 8 個研判方法

在研判漲停板的股票時，應掌握以下8種方法。

（1）第1次即將封漲停時，換手率小比大還要好。在大盤處於弱勢或盤整時，這點尤為重要。理想情況是普通股票換手率低於2%，在大盤處於強勢時，這個條件可以適當放寬，也可以適當放寬龍頭股。

但無論在什麼情況下，都不能超過5%，包括漲停被打開後又被封住時的換手率情況。這些換手率的限制，實際上也是限定今天已獲利的買盤數量，和反映今天賣壓的大小，這時獲利盤越小，賣壓越小，第2天的上攻就相應越大。

（2）研判個股形態。盤整一段時間後，突然漲停比連續上漲後再拉漲停還好。連續大跌後以漲停方式開始反彈也可以，主力部位重比主力部位輕還要好。

　　盤整要求在至少5到6天內沒有出現大陰大陽，均線系統中的BIAS（乖離率）不能出現太大的情況。拉到漲停板的位置後，離壓力區域不能太近，要給第2天的開高留下一定空間。

　　面對主力持股太重，基本只有主力自己參與的股票，首先必須看到日K線，判斷主力這時的意圖，再決定是否參與。在一般情況下，盤整後突破的股票是最好的，由於普遍投資者的心理預期是突破後打開上漲空間，第2天的獲利幅度大一些。

　　對於超跌反彈的股票，由於反彈性質決定，高度不能預估太大，要保守一些。對於超跌反彈的股票，由於在低位買進的人可能隨時賣出，形成較大的賣壓。除非是在大牛市中，否則追漲停時一定要小心。對於主力部位較重的股票，由於主力出貨常常需要在漲停後繼續拉高出貨，才能降低部位，所以相對安全一些，當然具體情況還是要求大盤不能太差。

　　（3）考察大盤情況。如果今天大盤急跌甚至破位，有漲停也不要追。在一般情況下，大盤破位下跌對主力和追漲盤的心理影響同樣巨大。主力的拉高決心相應減弱，追漲盤也停止追漲，主力在沒有接盤的情況下，經常出現第2天立刻出貨的現象。因此，在大盤破位急跌時，最好不要追漲停，而在大盤處於波段上漲時，整體機會多，追漲停可以大膽一點。

　　如果大盤在盤整，趨勢不明朗，這時候主要以個股形態、漲停時間早晚、分時圖表為依據。

　　（4）第1個漲停可以跟進，連續第2個漲停就不要追了。理由是短期內獲利盤太大，可能出現賣壓。當然這不是一定的，在牛市的龍頭股或特大消息股則例外。

　　（5）開高走高拉漲停的股票追起來較安全，最好的開盤價就是最低價。理由有2個：一是考慮K線組合，開高走高漲停說明走勢極其強勁，容易吸引跟風盤，第2天能走得更高；二是由於今天沒有在低價位區成交，獲利盤較少，賣壓出現的位置也會相對提高，進而留出更大的獲利空間。

　　（6）有重大利多首次被披露而拉漲停的股票較好（不過得考慮股價是否已經漲得很高，股價早就反映這個利多），這裡實際上有很大的機會。如果股價事先沒有反映利多，一旦漲停上攻，力量就會很強、機會很大。如果大盤條件較好，主力往往會拉出漲停。這時只要股票形態好、分時圖漂亮，

也有很大的獲利機會。

（7）分時圖向上衝擊漲停時，氣勢強比氣勢弱還要好。看分時圖需要很高的技巧和悟覺，很難用語言表達，這裡提供4個需要注意的方面。

第一，均價線應該是開盤後保持向上，支持股價上漲。

第二，分時圖中股價從盤整到衝擊漲停，如果盤整區離漲停的距離在5%之內，那麼快速衝擊漲停比較好。但是，如果盤整區離漲停較遠，最好不要一直衝擊漲停，而是衝高一下再盤整（提高盤整區），再迅速衝向漲停位置。

第三，關於分時圖中的成交分布，要求上漲成交要放大。但是，放大要適當，並且均勻、連續。必須注意的是突然放量很大，一下子又迅速縮小，這說明主力心態不好，會引起追漲盤的懷疑。

第四，觀察委托盤，一般來說，真的要漲停的股票顯示出的買進委托盤，不會比賣出委托盤還要大。因為主力的真正買盤是及時成交的，盤面上看不見，而那種用很大買盤托著股價慢慢上漲的，基本可以認定是主力出貨，不能追進。

（8）龍頭股的漲停比跟風股好，有同類股跟風漲停的股票，比沒有同類股跟風漲停還要好。這裡要求大盤條件要相對有利，能夠支持類股上揚。出現這種情況不僅容易吸引短線盤，還可以吸引中線盤，再加上股評吹捧，其中的主要個股往往能在漲停後，出現繼續開高走高的走勢，這時追漲停是最安全的。

第 4 章

掌握主力「拉升」的節奏，在主升段賺 3 倍

股價拉升的 5 個盤面節奏，包括氣勢、時間、角度……

盤面節奏 1：拉升的氣勢

股價上漲要有氣勢

　　觀察盤面氣勢需要一定的看盤經驗和修練，可說是看盤的最高境界。盤面氣勢在於個股盤面展現出來的表現力和攻擊力，一些有經驗的高手能夠領悟到盤面氣勢的強盛及演變。這很難用三言兩語清楚表達，需要累積和總結看盤時間，是一種昇華和沉澱的過程。

　　股市中的氣勢，是指股價漲升的氣概、勢頭。真正的上漲，一定是有氣勢的漲升，這是從盤面上區分股價上漲的真假、虛實及判斷主力意圖的依據。在目前的情況下，投資股票賺錢的機會只存在上漲中，但是上漲有分多漲少漲、真漲假漲，以及上漲之後是繼續上漲，還是很快反轉下跌。

　　股價的上漲和拉升，沒有氣勢就不行，主力做多的意願需要透過上漲氣勢展現出來。因此，研判股價上漲的氣勢，有助於分清真漲和假漲、大漲和小漲，以及躲避風險及時把握獲利機會。

盤面氣勢的 4 個主要特徵

　　（1）能持續揚升的上漲，才具有投資價值，絕不是偶爾的異動。成交量伴隨股價上漲持續放大或溫和放大，不是偶然1、2天的突放巨量。

　　（2）關鍵位置上漲有力道、突破時有力量，乾脆俐落而不拖泥帶水。

　　（3）股價緊貼5日均線上漲，走勢堅挺，整體走勢的角度大於45度。

　　（4）壓力無法阻擋股價的持續上漲，主力做多意願堅決。

　　如果股價上漲沒有氣勢，意味著該股可能沒有主力，或是主力的實力不夠，個股的基本面不支持做多，主力沒有底氣或膽量。

　　沒有氣勢的股票盤面死氣沉沉，特徵有上漲不夠持續、股價偶爾突然大漲、成交量突然放大。股價走勢疲軟，整體走勢平緩，角度低於30度。關鍵位置上漲無力，壓力重重，主力沒有做多意願。在每個上漲波段以內，K線陰陽交錯，波段形狀不清晰，5日均線走平或是彎彎的曲線。個股走勢明顯弱於大盤，整體上漲幅度跟不上同期的大盤上漲幅度，是市場的落伍者。

盤面氣勢強盛的 5 個表現

　　就股價漲停來說，在浪形上可以觀察到氣勢的強盛。

　　（1）一字漲停：股價一開盤就封於漲停價位，分時圖在漲停位置上形成一條筆直的直線，沒有浪形可言。這類個股通常是遇到重大利多消息或主力做多意願強烈，在氣勢上多方占據絕對優勢，不給空方任何機會。

　　（2）1波漲停：開盤後直接上升，盤中不回檔，一氣呵成，一波即完成漲停。這種漲停的氣勢僅次於一字漲停的個股，多方明顯占優勢，空方棄守觀望，盤面氣勢磅礡，勢如破竹。

　　（3）2波漲停：在啟動點開始的上升，第1波通常漲到較高的位置附近，比方說4%～6%（太低不行，比方說第1波上升只漲到2%左右，那麼回檔之後再漲就要8%以上才能衝到漲停，這樣操盤的難度較大），第1波的上漲幅度不低，是為了將來能夠經歷回落調整之後，確保第2波上漲能夠封於漲停。這種個股氣勢也很強，但弱於前面2種。

　　（4）3波漲停：在整個拉升過程中，盤中需要2次回落整理。很多時候，開盤後先來一波下探走勢，然後站穩回升，呈現3波式上漲。這類個股從氣勢來看，比前面幾種還弱，但整個上漲過程很有節奏，是一種較強勢的盤面表現。

　　（5）多浪漲停：多浪漲停較多見，分時圖在拉升過程中，低點和高點逐級而上直到衝擊漲停。在漲停個股中，這種盤面氣勢算是最弱的。

(S) 盤面節奏 2：拉升的時間

拉升的持續時間

拉升股價是最激動人心的時刻，也是每個散戶孜孜不倦的目標。股價上漲要有一定的持續時間，主力的做多意願展現在持續的上漲之中。股票真正的上漲，一定要有持續的漲升，而不只是 1、2 天的衝高。這也是從盤面上區分股價上漲的真假、虛實及判斷主力意圖的依據。

在實戰中，有的股票能夠持續升勢，投資者有獲利機會；有的股票持續性不強，漲勢曇花一現，散戶跟進後立即被套牢。因此，有必要研究股價的上漲時間是否具有持續性，而且拉升時間的持續應符合下列 5 個特徵。

（1）股價上漲必須連貫，而不是 1、2 天的短期上漲。

（2）股價上漲速度很快，在 K 線圖上以長陽短陰、大漲小回、二陽一陰等方式，緊貼 5 日或 10 日均線快速上揚，角度大於 45 度。

（3）上漲要有一定的幅度，通常一個波段在 30% 以上。在波段內，通常沒有跳空缺口，股價呈現小波段逐波上漲，漲跌有序，買賣點明確。

（4）股價上漲是因為有人在刻意拉動，是主力刻意的行為，具有明確的拉升目的和意圖。如果只是因為大家看好而哄搶上漲，那麼股價很快就會歸於沉寂。

（5）沒有出貨動作的上漲，是推升股價的方法，目的是拉升服務。主力藉由製造盤中人氣，吸引場外投資者參與，然後輕鬆推升股價。

拉升的時間長短

相較於建立部位、整理、出貨階段來說，拉升的時間週期最短。拉升的幅度及時間長短，展現主力的實力與操盤風格所在。同時，拉高是主力獲利的關鍵，在操作中具有決定性意義。一般短線行情在 1～2 週，中級行情在 1～3 個月，長主力股在 6 個月以上，個別大牛股的升勢時間可能超過 1 年。

通常，底部盤整結束後，將股價拉升到一個台階進行整理，只需要 15 天左右，期間沒有震盪的可能在 7 天左右。以震盪爬升方式上漲，上升週期約 1～2 個月。一個波段或台階的拉升時間在 15 天左右，但總持續時間較長，需要 3～6 個月甚至 1～2 年。

為了出貨而快速拉升的持續時間較短，若中途沒有震盪或震盪幅度小，需要20天左右。若中途有震盪且幅度大，需要2個月左右。拉升時間通常與拉升的性質、方式，以及上漲的速度、角度和空間等因素有關。

股票拉升的空間，取決於個股炒作的題材、市場人氣、股價定位、技術形態、股本大小、籌碼分布、主力成本和主力獲利目標等，其中主力的意願是決定性的。股價拉升幅度也可以參考股價的最低價，從底部最低價來算，可以按照漲幅的80%、100%、150%或200%以上，分別確定拉升可能到達的價位。

拉升的時間早晚

拉升時間的早晚不僅能夠反映主力的實力，也能預測未來股價上漲的氣勢，因此要關注以下時段的股價表現。

（1）漲停早的比晚的好，最先漲停比尾盤漲停要好得多。在每天的交易中，第1個漲停最好，漲停時最好出現在10:10分以前，因為前幾個漲停最容易吸引短線投資者的眼球，並且在開盤不久就能漲停，表示主力是有計劃地拉高，不會受到大盤當天漲跌大小的影響（但也不是一點都沒有影響）。

如果這時股票的技術形態不錯，在眾人的集體推動下，漲停往往能封得很快，而且可以堆積很多買單。在上午收盤前，成交量可以萎縮得很小，這樣在下午就不會受到衝擊，漲停封死的可能性非常大。那麼，第2天獲利也就有保障。

（2）如果下午在1:15分之前封漲停，也是相當不錯。在開盤不久便能封住，說明主力有拉高計畫，只是短線盤很多已集中在上午的漲停板，所以下午的漲停板吸引力相對小一些。

因此，上午漲停的股票整體要比下午停漲停的股票好，通常上午出現漲停的股票是主力早有預謀，而下午出現漲停的股票在氣勢上稍微差一點，大多是受到大盤或類股上漲帶動，或是利多消息刺激而臨時起意。早有預謀的個股比臨時起意的個股強勢得多。

（3）其他時段漲停的股票相對差一些。其中10：10～10：30漲停的股票，如果漲停時換手率不大（普通股票的換手率要求低於2%），分時圖上股價走勢較連續、正常，沒有出現尖峰情況，分時成交也較連續，沒有出現

大手筆對倒，則還算可以。

否則，在這個時段漲停的股票較差，原因有2個。一是這時漲停的股票可能是跟風上漲的股票，機構可能沒有拉高計畫，只是受到盤面影響，臨時決定拉高，因此必須嚴格限制換手率的條件，表示儘管倉促拉高，賣壓還是較小，次日才有機會衝高。二是由於漲停時間較晚，成交量在上午不一定能萎縮得很小，那麼下午受到賣盤的衝擊相對較大，風險也大。在10：30～11：10漲停的股票風險更大，經常有在下午漲停板就被打開的情況。

（4）在下午2：00～3：00漲停的股票，除非大盤在連續下跌後，受到重大消息的刺激下出現反轉走勢，或是在下午走強的類股中為龍頭股（這時大盤還必須處於強勢之中），否則不要輕易去碰。因為這時候的漲停是主力尾盤做盤，目的通常是為了第2天在高點出貨，同時在上午和下午買進的散戶獲利很大，第2天的賣壓也就很重。主力在尾盤拉高不是用資金去硬做，而是一種取巧行為，這時跟進的風險非常大。

臨近收盤時，漲停的股票上漲氣勢最弱。尾盤關注度降低，拉升消耗的資本較少，所以尾盤拉漲停的主力實力通常相對較弱。特別是在臨近收盤的前30分鐘拉漲停，都具有一定的欺騙性。

此外，在每年年末最後一天的最後5分鐘，都有主力為了做當年獲利市值，而故意拉抬股價，場面蔚為壯觀。而且，尾盤漲停的個股次日通常會開低，原因是氣勢不強、底氣不足。

盤面節奏 3：拉升的速度

（1）拉升速度快，具有爆發性。個股在啟動初期經常出現連續軋空的走勢，同時隨著行情的展開，成交量連續放大。對這類主力來說，時間比資金更重要，而且閃電式的突擊本性已經根深柢固，連續軋空是這種操作行為的最好寫照。因此主力的拉升通常十分迅速，畢竟適合拉升的良機不多，主力必須及時把握時機快速拉高，才能達到事半功倍的效果。同時，快速拉升所產生的暴利效應，能夠更好發揮誘惑的作用。

（2）短線主力拉升最關鍵的是借勢。借大盤的反彈之勢和上升之勢，借利多的消息之勢，借形態的突破之勢，借勢拉高往往是一鼓作氣。短主力

的拉高手法較簡單，以快、狠為主，有時快到讓想追入的投資者，不得不一次又一次地撤單掛高價位。一般來說，短線主力的拉高多出現在尾盤，因為如果過早拉升，極可能面臨著賣壓賣盤的風險，而在尾盤拉升，往往可以將投資者殺個措手不及，想買的買不著，想賣的又捨不得賣。個別兇狠的主力，甚至將股價用大單封至漲停，讓投資者只能望「單」興歎。

（3）中、長線主力的拉升。由於駐莊週期較長，往往達到高度控盤，其目標利潤定得較高，而且手中掌握的籌碼較集中，拉升時的盤面通常獨立於大盤而行。走勢不冷不熱，碎步推升，一輪拉升段往往持續時間較長。但如果遇上合適的拉升時機，可使主力事半功倍，不必花費大量資金就能達到目的，且拉升幅度更大。

（4）個股行情一旦啟動，其走勢相對獨立。它的上漲速度明顯快於大盤或類股，而且多發生在大盤較樂觀時。因為，此時大盤表現出明顯的多頭特徵，使股價的上升有很好的市場人氣作為基礎，可以使個股走出明顯強於大盤的走勢。很少選擇大盤不明朗的時候發動進攻，但如果發現個股在這時發動攻勢，那麼通常是在隱藏相應的題材，或可能是主力在拉高建立部位，未來的空間極其巨大。

（5）當主力企圖大幅拉抬股價時，將透過媒介或平台放出題材，散布種種朦朧利多，並聯繫大戶助莊。同時製造大成交量和大手筆成交（也可製造異動，例如一筆特高或特低的成交），以降低賣壓和吸引買氣，進而加速股價上漲。

（6）拉升階段中、後期的典型特徵，是股價上漲幅度越來越大，角度越來越陡，速度越來越快，成交量越放越大。但是，漲幅大、角度陡、速度快且成交量大的股票，持續時間較短，股民應隨時做好出場的準備。若成交量呈現遞減狀態，這類股票不是在高位橫盤慢慢出貨，就是利用除權使股價的絕對值下降，再拉高或橫盤出貨。

（7）對倒拉抬。一邊在上方堆積籌碼，一邊從下方不停往上拉升股價，促使股價快速上漲。對倒與對敲不同，對倒時可能大幅拉升股價，而對敲可能不拉升股價。另外，對敲的性質是偏重股價的成交量，而對倒的性質在偏重成交量的同時，還偏重股價的漲勢。

(\$) 盤面節奏 4：拉升的角度

在股價運行中，大部分時間是在低價位區進行漲升前的整理震盪，只有小部分時間用來拉升股價。因此，過早進入正在上下震盪中的個股，是不恰當的。同樣地，過晚進入一個已拉升的個股，也是不科學的。於是，著重尋找那些在底部剛萌芽的股票。在實戰中，大多有以下3種盤面現象。

1. 沿 30 度角上升

這種走勢依託均線系統上漲，不受大盤升跌的影響，同時又受到均線系統的制約。一旦距離均線較遠時，會出現集中賣盤，因此形成30度角上升形式。這種盤面現象看似主力的力量脆弱、控盤程度較低。正因為表面上有這些感覺，迷惑不少投資者，但到中後期都有快速拉升的動作。其實，這是長線實力主力的一大策略，一段時間過後，當投資者站在高位俯視現在的股價時，大有一覽眾山小的感悟。

如果低於30度的走勢，又落後於大盤的漲幅，表明盤勢過弱，多空雙方的鬥爭與大盤的上升不能統一，應引起注意。其原因可能是：①繼續吸籌；②資金不足；③利空隱患；④無主力入駐等。

2. 沿 45 度角上升

這種走勢最強勁、最理想。經過仔細觀察，不少大幅攀升的個股前期都在平緩的上升通道中運行一段時間，股價陰陽相間、交錯上漲，角度多為45度，成交量錯落有致。

這種形態通常是主力控籌所為，由於主力大規模介入，必然使股價重心逐漸上移，慢慢形成一條上升通道，而且初漲期升勢一般很緩慢，既可以降低持股成本，又不至於過早招人耳目。這類個股的上升通道維持的時間越長，主力準備工作越充分，日後的爆發力越大。

3. 沿 60 度角上升

這種走勢通常預示股價背後隱藏著重大題材，加上主力實力強大，手法凶悍怪異，令股價漲勢如虹。這表明主力在底部長期潛伏吃貨後，達到高度

控盤，加上拉升之初的大盤、類股、人氣等諸多因素共同作用，產生閃電式拉升。這種走勢主力短期消耗能量過大，需要換手休整後再度上攻。

需要注意的是，如果升勢超過60度，表明主力短期用力過猛，必然產生強力反轉。建議逢高減碼，進行波段操作。

拉升時間、角度、速度三者的關係

一般來說，股價拉升的時間、角度、速度存在以下4種關係。

（1）拉升時間與上漲角度：兩者一般呈現反比，也就是上漲角度陡峭，持續時間較短；上漲角度平坦（適中），持續時間較長。

通常，30度角上漲的持續時間最長，可以維持幾個月甚至1年以上。45度角上漲的持續時間適中，一般在1～3個月。超過60度角上漲的持續時間最短，行情在幾天或幾週就結束。可見得，角度平坦（但不低於30度角為宜）的上升速率，維持時間較長，而角度陡峭（特別是超過60角度）的上升速率，則維持時間較短。因此，當遇見井噴式行情，不可戀戰。

（2）拉升時間與上漲速度：兩者一般呈現反比，也就是上漲速度較快，持續時間較短；上漲速度穩健，持續時間較長。

（3）上漲速度與上漲角度：兩者一般呈現正比，也就是上漲速度越快，上漲角度越大，持續時間也就越短，而反之則相反。通常，井噴式行情的持續時間在5～10天左右，更長的可能持續30天左右。

（4）拉升時間與上漲空間：兩者一般呈現正比，也就是上漲空間越大，持續時間較長；上漲空間越小，持續時間較短。通常，一般股票的拉升幅度在50%以上，時間在5～10天，幅度較大的超過100%甚至200%以上，時間在10～30天，超級大牛市可能達到4～5倍甚至以上，時間在3個月以上。

一般來說，一支主力股的整體漲幅不小於1倍，流通盤較大的在80%左右。基本面較差又沒有看好的理由，則在60%～80%。小型股、熱門股的漲幅預期較高，可能達到2倍以上。主力手法不同，其拉升幅度也有差別：快速拉升的幅度在80%甚至2倍以上；一個波段或台階的拉升幅度在30%左右，但總幅度在1倍以上；推進式或複合式的拉升幅度在股價的1倍左右。

(S) 盤面節奏 5：拉升的手法

前面探討主力拉升的主要方式和基本規律，那麼股價到底是如何漲上去的？下面著重分析主力拉升的6個手法。

1. 壓單對敲拉升

主力經過試盤後，覺得盤面較輕，浮動籌碼較少，可在賣一、賣二或賣三位置掛出大筆賣單，再分批快速買進。誘導多頭主動性買盤出現，刺激市場人氣，促進股價上漲。

當股價輕鬆上漲一個台階後，再次壓單對敲買進。不同的是，第2次壓單數量應高於第1次壓單數。當再次分批買進時，在分時線上會呈現價漲量增的良好盤面。第3次也是如此，壓單的數量應一次比一次更大，促進成交量一波比一波放大，股價也一浪比一浪走高。

當日股價完成操作計畫時，主力可適時賣出一批籌碼，打壓股價升勢。當股價向下回落時，可分批小單買進，控制股價走勢，引導和掌握股價。當然，在股價拉到當日操作既定目標時，也可在賣三或上方位置掛出較大賣單，壓制股價上漲，在買三或更低價位掛上較大的買單，利用夾板的方式控制股價，促使股價在該區域內充分換手。

需要注意的是，在第1波壓單對敲過程中，如果發現沒有跟風盤，主力應適時停止無謂的對敲，以免形成自彈自唱的局面。

2. 直接對敲拉升

直接對敲比壓單對敲更隱蔽和安全，因為在壓單對敲過程中，跟風盤蜂擁而至，容易造成籌碼分流，喪失廉價籌碼，而直接對敲回避了這類風險。

主力在賣一、賣二或賣三上掛單後，一般掛單量適中，主力迅速一筆買走，股價也隨之走高，成交量的放大和股價的漲升同步進行，避免籌碼被其他機構或散戶買走。如此反覆操作，使得股價迅速推高。

壓單對敲往往是先放量後漲價，而且股價分時線向上的漲勢較緩慢。直接對敲是成交量的放大和股價的漲升同步進行，而在分時線上的漲勢速度，明顯比壓單對敲的拉升速度快，這是兩者之間的顯著區別。

3. 梳式對敲拉升

這種拉升手法往往是主力實力較弱時採用的一種。比方說，手頭資金不足，或可用來對敲的籌碼較少，而大盤人氣較好，個股浮動籌碼較小，在如此成熟的時機下，主力為了完成操作計畫而採取拉升手法。

由於主力前期握有一定的籌碼，或者說籌碼的鎖定較好，主力也是採取直接對敲拉高。可是由於主力手頭資金不足，如果頻繁採用直接對敲的手法，一旦股價做高、資金用完、彈盡糧絕時，就再也沒有資金護盤，可是拉升時機又很好，該怎麼辦？

這時，主力只好利用有限的資金，每隔1分鐘或幾分鐘進行一次直接對敲拉升，成交量也逐步放大，股價穩步盤升。不同的是，成交量看起來每筆間隔都留有空隙，好像日常生活中所用的梳子，所以稱作梳式對敲。經過這樣的運作，既能拉高股價，又不耽誤良好的機會，還能發揮護盤作用，第2天又可以運用前一天賣出的資金周轉，也算是識時務的明智之舉。

4. 哄鴨子過河拉升

這種拉升不包含任何對敲成分，只是採用掛單上的微妙關係，對關注該股的散戶施加思想上的壓力，改變或進一步刺激其固有的思維定勢，進而贏得主動，發揮不戰而屈的良好效果。

舉例來說，個股浮動籌碼穩定，大盤人氣高漲，可是該股缺乏主動性買盤，股價紋絲不動，關注該股的多頭都在等待逢低買進的機會，而欲賣出的空頭都在等待高點賣出。這時主力只要在買一、買二或買三上，堆放虛張聲勢的大買單，並且頻繁向上移動該買單，促使一直關注該股的多頭按捺不住，恐怕等不到逢低買進的機會，只好主動向上買進上方的賣單。

如此一來，股價不斷上漲，散戶多頭奮勇買進，多頭實力大增，而原來處於觀察的空頭逐漸產生惜售心理。主力只要在下檔不斷變換買單的價位和數量，就可以發揮煽風點火的效果。

5. 推進式拉升

這種拉升和哄鴨子過河有一定的相同之處，都是在下檔掛上大買單。唯

一區別是，哄鴨子過河的主力僅在下檔掛上一個大買單，透過不斷變幻買單的數量和位置，促進多頭人氣，推動股價上漲。

推進式拉升則是在下檔連掛三檔大買單，而在上檔掛上均勻而較小的賣單，透過這種虛張聲勢的手法，誘導不明真相的散戶買進上方主力掛出的小批量賣單，股價在分時線保持一定角度的緩步上漲。這種拉升手法雖然可以造成一定的上漲，但嚴格來說並不是拉升，而是主力出貨的手法，主要出現在行情上漲的末期。

6. 釣魚竿式拉升

這種拉升手法和推進式拉升在掛單上恰恰相反。釣魚竿式拉升是在賣一、賣二和賣三上連掛3張較大的賣單，下檔則不掛或少掛買單。主力自己又透過不斷對敲買進上檔之賣單的方法，促進股價上漲，引誘多頭買進，由於下檔買單極小，因此想賣出的空頭無從下手。

從成交量來看，外盤和內盤成交懸殊極大，外盤有時甚至大出內盤好幾倍。但股價上漲的幅度卻不成比例，這是一種邊拉邊出的手法。雖然從一定意義來說，釣魚竿式和推進式有著相同的出貨意圖，但相較之下，釣魚竿式拉升更顯得心虛，兩者又同時出現在行情的末期，而釣魚竿式拉升可能出現的更晚。

兩者的區別除了掛單手法不一樣之外，推進式包含的對敲成份比釣魚竿式更少，甚至可能不包含對敲成份。另外，推進式若出現在低位，有可能是實力較弱的主力虛張聲勢地拉高股價，不完全是出貨，而出現在高位則另當別論。

散戶如何抓緊主升段行情？ 學會 2 個判斷和 1 個確保

招數 1：判斷即將啟動的股票

行情即將啟動的識別

（1）股價離歷史最低價不遠（指近1年），高位曾經放量，但後來一路盤跌，近2、3個月忽然不再下跌，成交量比下跌時悄然放大，有時甚至放大到下跌時的5～10倍。股價在這個期間漲幅甚小，不到20%，5日和10日均線走得很平，30日均線也快到了，突然某天大漲一下，過後好幾天都沒動靜，又幾乎跌回原處，甚至無量跌破平台。

這時個股沒有重大利空，反而是那天大漲之後有某種利多傳聞。只要走出低位平台放量，然後無量向下急跌的形態，就表明股票離啟動不遠，一般不超過10天就能上漲。這時應果斷進場，坐等抬轎，不亦樂乎。如果心裡還是不踏實，可以繼續觀望到V形反轉至平台處，不用放大量即輕鬆越過，到時再跟進也不遲，只不過會少賺15%～20%。

（2）股價處在高位或新高附近，然後長期橫向盤整。這類股票在創出高價時，成交量會逐級放大，但到了高位之後，沒有放過量，而且成交量日益遞減。

到橫盤末期，日換手率竟在千分之一二，這時千萬不要以為主力不存在。實際上，當時看見主力進場而跟進的人，大多都無法忍受長期折磨而出場，後來的人看到股價太高，都不敢參與。

從圖形來說，短期、中期的均線都已經走平，長期均線即將與短期均線黏合。K線收出一串小十字星或下影線較長的T字形，有時也出現大幅開低

後，又迅速拉回平台的情況。這意味著這檔股票即將啟動，必然又創出一個新高點。

　　需要注意的是，這種股票有時有風險，就是臨近年底或臨近出年報時，主力拉出一波天天放量的行情，其實是邊打邊退。K線圖看起來漂亮，後來突然不放量，一路下跌，大家還以為是整理，還有股評人士使勁推薦，公司的基本面也很好，都是配合主力出貨。這種股票一定要在成交量萎縮到極點時介入，一旦連著4、5天放量推高，就不必去追漲。

一般漲升行情的識別

　　量價關係如同水與船的關係——水漲船高。只要增量資金足夠、持續放大，股價是可以拉升的。重要預測公式和方法有以下3個。

　　（1）首先是預測全天可能的成交量，公式是：**（240分鐘÷前市9：30到看盤為止的分鐘數）×已有成交量（成交張數）**

　　使用這個公式時，要注意：時間越靠前，越偏大於當天實際成交量。一般採用前15分鐘、30分鐘、45分鐘等3個時段的成交量，來預測全天的成交量。如果過早就會失真，因為通常開盤不久成交偏大、偏密集。如果太晚就會失去預測的意義。

　　（2）如果股價在形態上處於中低位，短線技術指標也處於中低位，要注意下列現象：如果當天量能預測結果，明顯大於昨天的量能達到1倍以上，那麼出現增量資金的可能性較大。一般來說，當天量能預測結果越大越好，可以在當天盤中逢回落，尤其是逢大盤急跌時參與。如果股價離開壓力位較遠，則可能當天漲幅較大。如果該股不管大盤當天盤中漲跌，都在小幅波動中橫盤，一旦拉起，則拉起的瞬間要果斷參與。

　　特別是，如果盤中出現連續大買單，表示股價拉升的時機到了。藉由研判量能、股價和股指波動之間的關係、連續大買單等3種情況，可以在盤中預知股票將要拉升。綜合上述，股價處於中低位，量能明顯放大，連續出現大買單的股票中，有盤中拉升的機會。尤其是股價離開重壓力位較遠的，可能出現較大的短線機會。

　　（3）如果股價處於階段性中高位，短線技術指標也處於中高位，尤其是股價離開前期高點等重要壓力位不遠，就要注意：量能明顯放大，若股價

不漲反而走低，就是盤中需要高度警惕的訊號，不排除有人大筆出貨，可以結合盤中有無大賣單來研判；高位放出大量乃至天量時，即使還有漲升也是餘波。

進入主升段行情的識別

在一輪行情中，漲幅最大、上升持續時間最長的行情是主升段行情，類似於波浪理論中的第3浪。主升段行情往往是在大盤強勢調整後迅速展開，是一輪行情中投資者的主要獲利階段。想參與主升段行情操作，必須了解它的特徵。

從技術指標角度分析，主升段行情具有以下4個確認標準。

（1）主升段行情啟動時，多空指數BBI指標呈現黃金交叉特徵。BBI指標將由下向上突破EBBI指標。判斷上穿有效性的標準，要看BBI指標是從遠低於EBBI的位置有力上穿，還是BBI指標逐漸走高後，與EBBI黏合過程中偶然高於EBBI，如果是後者則上穿無效。

（2）主升段行情中的均線系統呈現多頭排列。需要注意的是，均線系統的參數需要重新設置，分別設置為3日、7日、21日和54日。這些均線與普通軟體上常見的均線相比，反應更加靈敏且具有趨勢確認性，由於使用的人少，不容易被主力用來騙線。

（3）在主升段行情中，MACD指標具有明顯的強勢特徵，DIF線始終處於MACD線之上，2條線常常以類似平行的狀態上升，即使大盤出現強勢調整，DIF線也不會有效擊穿MACD線。同時，MACD指標的紅色柱狀線也處於不斷遞增的情形中。這時，可以確認主升段行情正在迅速啟動。

（4）隨機指標KDJ反覆在高位鈍化。在平衡市（又稱「牛皮偏軟行情」）或下跌趨勢中，隨機指標只要進入賣超區，就需要準備賣出。一旦出現高位鈍化，就應堅決出貨。但是在主升段行情中，隨機指標的應用原則恰恰相反。當隨機指標反覆高位鈍化時，投資者可以堅定持股，最大限度地獲取主升段的利潤。當隨機指標進入買超區時，投資者要警惕主升段行情即將結束。

招數 2：判斷股價上漲的真假

股價變動是透過漲跌來展現的。這裡所說的漲跌，不是指每日漲一點或跌一點的小波動，而是指股價持續階段波動或日漲跌幅度很大的波動。在底部區域，一檔股票成交量不能太少，特別是振幅不能太小，因為成交量少、振幅小的股票沒有彈性，後市潛力可能不大。

一支經常出現在漲幅排行榜和跌幅排行榜前列，敢漲敢跌的股票，才是好股票（以主力沒有賺過錢為前提）。這樣的股票以後可能成為大黑馬，值得重點關注。對待上漲，最關鍵的是區分清楚股價是不是真正上漲，以下提供10個判斷方法。

（1）從來沒有上漲過，而且股票價格定位又不高的股票，是真漲的可能性大。

（2）股價離主力成本不遠，上漲的機率很大。

（3）股價位置低，經過充分盤整，上漲的機率更大。

（4）沒有消息也沒有明顯的上漲理由（主要指利多刺激），真漲的可能性很大。如果短期配合利多消息，則只是小一段。

（5）因為出現突發性利多而上漲，可能持續不了多久。已經漲幅巨大的，下跌很快就要來臨。

（6）缺少成交量配合的上漲，真實程度不夠（除非經過放巨量震盪整理後縮量上漲，且是控盤的主力股）。

（7）沒有氣勢的漲是虛漲，上漲可能是假的（除非持續不斷小陽上漲，且溫和放量）。

（8）上漲過快的股票，除非經過長期的震盪整理，且量價配合理想，並且剛進入主力的拉升階段，否則當心震盪或反轉。快得很有氣勢的，可能是短跑黑馬。

（9）慢漲盤面上，要有慢的手法，經常有點花招又長期不漲，讓人膩味。股民不願參與、沒有持股信心；股價位置不高，又經歷充分震盪、換手的，可能是大黑馬。

（10）經過充分炒作累計上漲幅度巨大的股票，一旦開始下跌，其後可能有數次間歇性上漲。儘管有時幅度不小，但這僅僅是反彈，快跑為妙，千

萬不要抱有任何幻想。

　　我們對待漲跌都應該有直接的認識。上漲不一定都是好事，頭部階段的放量暴漲，下跌途中的單日放量突漲，以及平衡市和熊市中遇到反彈時的大漲，可能都不是什麼福音。

　　因此，應該辯證地看待股價的漲跌。上漲蘊含的是風險，下跌孕育的是機會。上漲雖然是機會，但如果漲得不真實、基礎不牢靠或上漲幅度過大、過急，那麼上漲就蘊含著風險，並且伴隨著上漲與下跌是遲早的事，而下跌的機會更大。

　　首先，只漲不跌便是積累巨大的風險，漲幅越大、風險越大，而下跌可以化解風險。其次，經過下跌後，上漲基礎反倒是堅實的，而且下跌為上漲積累能量。最後，股市是逐利的場所，下跌幅度越大，機會就明顯越大（以不是熊市為前提），主力就會進場，賺錢的機會也就來了。

招數3：確保拉升帶來的碩果

　　無論是什麼樣的主力，在進場收集一定的籌碼，並經歷不同程度的洗盤（非必需的，可在拉升中完成）後，最終必然會透過一定的手段拉升股價，達到將來在高位出貨獲利的最終目的。

　　不同的主力、個股，其拉升手法有所差異，拉升幅度也難以準確把握。由於這是主力必須完成的關鍵階段，因此一批精明的投資人看準主力、緊跟步伐，享受最高級別的獲利時光。

　　（1）估算主力拉升高度。在解釋這個問題之前，必須區別不同主力的獲利要求。第一，短線主力的拉升由於收集的籌碼較少，通常不會將股價拉得太高，一般在10%～20%，超過30%就要有重大利多消息或大盤的極力配合。第二，中線主力的拉升由於控盤高、時間長、投入多且成本高，拉升幅度顯然要求大一些，一般在80%～100%，強勢主力股或潛力股超過200%。第三，長線主力比中線主力要求的利潤更高，拉升幅度更大，但往往分為幾個大波段操作，每個波段的利潤區都較大，一般漲幅在100%以上。

　　主力入駐一檔股票後，沒有獲利通常不會撤退。主力一進一出之間沒有

30%的淨利潤，一般是不會做的。計算主力的持股成本，加上至少30%的淨利潤，再加上融資成本、交易成本、拉升成本、洗盤成本等因素，最後沒有50%的空間，主力就無法出場。有了這個起碼目標作為參考，就不會過早跟主力說再見。

（2）**在拉升初期時買進。**在拉升初期買進幾乎無須等待，馬上就會有帳面利潤，這時跟進需要膽識，因為股價已脫離底部區域，並上升一大截。跟進的價位不超過主力成本的30%為宜，較強的主力可以調高至50%。

要注意這裡是指主力成本，而非股價在本輪的最低價位。這時跟進的重點是，要準確判斷究竟是拉升還是洗盤。有時候，主力實力不足，反覆在50%的空間內做波段。這強調在拉升初期跟進時，不宜過分追高。

（3）**在拉升中後期賣出。**這時的典型特徵是，股價上漲幅度越來越大，上升角度越來越陡，成交量越放越大，交易溫度炙熱。這時，大幅拉升階段就快結束。因為一旦用完買盤的後續資金，賣壓就會傾瀉而下。出現這個現象表示漲勢將盡，上升乏力、漲勢力竭，有趨勢反轉之嫌。因此，該階段後期的交易策略是堅決不進貨，如果持股在手，應時刻伺機出貨。

（4）**面對不同的拉升手法，採取不同的操作策略。**對廣大散戶來說，最樂於持有的股票莫過於直拉式上升。由於該類股票短期內漲幅巨大，且上升過程中一往無前的態勢，使短線客輕易獲利，滿足大部分投資者急功近利的心態，深受散戶歡迎。在投機較強的個股上，容易發現這類個股的走勢，而隨著市場的發展，部分主力已逐漸開始摒棄這種短線操作行為，逐漸採用長線投資策略。

對於台階式拉升，一步一個台階上升，每上升一個台階，幅度都不會太大。30日、60日均線對股價的走勢形成長期的依託，股價離均線不遠，很少形成加速走勢，投資者在短期內獲利有限，使主力操作時上漲壓力不大。

但是，如果大盤不穩，該類股票回檔也有限，在30日、60日均線處往往止跌。通常，這類個股很少居於市場的漲幅前列，基本上不被市場關注。成交量也不會呈現較明顯的放大狀態，經常以縮量的形式緩緩走高，在投資者不覺不知中完成推高過程。

事實上，發現主力不是最難的事，敢於跟定主力最終大贏出場才是最困

難的。特別是每日堅持看盤的投資者，經受的考驗更是無法用言語形容，買進之後擔心主力繼續打壓無錢再買進，主力拉升之後又擔心主力洗盤，失去波段利潤。

　　跟莊很辛苦，但堅持用這種方法操作的投資者最終會成功，並且在總結經驗的基礎上駕輕就熟，形成一種有效的投資方法。其實，主力對那些選擇長期持股的人一點辦法都沒有。

第 5 章

洞悉主力
「出貨」的技術陷阱，
不再被坑殺

摸清出貨的 5 個階段，
啟動正確的跟莊操作策略

　　主力出貨是一個複雜的過程，也是最關鍵的一環，沒有散戶想得那麼簡單、容易，對主力來說是一種操盤藝術。出貨順利，能享受勝利果實；不能如期出貨，就可能前功盡棄。散戶了解主力的出貨過程，可以更好與主力同行，獲取更大的利潤。

　　出貨大致可分為拉高減少部位、集中賣出、低點再買進、拉高再出和全面出清5個階段，見圖表5-1。

圖表5-1 主力出貨示意圖

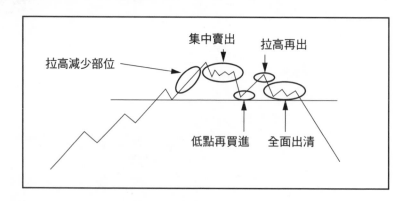

階段1：拉高減少部位

短線主力出貨較容易，由於所持籌碼不多，可以在較短的時間內完成出貨計畫，且戰術相對簡單。中、長線主力較講究出貨技巧，散戶完全感覺不到主力已經在出貨，因此在股價真正見頂之前，主力已逐步開始減少部位，降低後面的風險，這時股價依然強勁地上漲。

而且，在出貨過程中視盤面情況而定，如果前面是明顯的壓力區，就提前實施出貨計畫，減輕部位。如果散戶追漲積極，則減少出貨數量，等待更高的價位出現，獲取更大的利潤。

透過拉高減少部位後，當股價出現真正的頭部時，主力所持籌碼不多，可以進退自如，逃之夭夭。這種出貨方式的優點是降低風險，確保先期的獲利，缺點是大盤火熱時，喪失累積財富的機會。

拉高減少部位的手段在於，主力手中的籌碼相對集中，無法確保之後可以在高位全部出貨，或是由於市場的不確定因素，主力無法完成預定的出貨計畫，因此在拉升過程中逐步減少部位，以便在突發因素來襲時盡快悉數賣出，藉此降低風險，確保前期獲利。

事實上，主力不可能把所有籌碼拿到最高價位再處理，因為這樣等於在坐以待斃。因此掌握主力的出貨過程，對防範風險有著不可忽視的作用。

見下頁圖表5-2，創業環保從8元附近啟動後，股價3波拉升，大幅炒高，2017年5月16日股價創出24.84元高點，累計漲幅超過200%，隨後股價見頂回落。其實在股價見頂回落之前，主力已在峰前趁市場火熱之際，出貨大量籌碼。股價在散戶的簇擁下節節拉高，而主力在其中步步撤退。當股價真正見頂時，主力手中籌碼已經不多，十分成功。

階段2：集中賣出

拉高減少部位不是主力出貨的主要手段，它只是其中一種出貨方式，或是防範風險的有效方法，真正的出貨還是在高位集中大規模賣出的階段。

高價位區域是主力最理想的出貨區，主力將股價大幅炒高後，極力營造樂觀氣氛，激發市場人氣，趁著散戶買盤的積極湧入，不斷在暗中出貨，使

圖表5-2　創業環保（600874）的盤面走勢圖

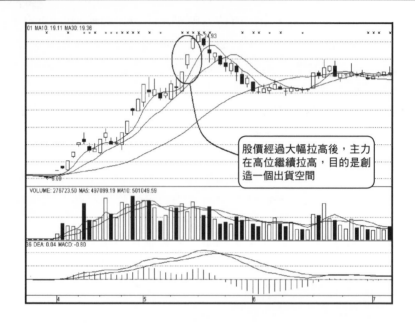

股價經過大幅拉高後，主力在高位繼續拉高，目的是創造一個出貨空間

股價出現回落走勢。

　　然後，主力停止拋售，反手做多，創造強勢反彈行情，設計美麗的技術陷阱，市場仍十分樂觀，誘導新的買盤介入，將股價繼續維持在較高價位出貨。這時成交量大增，大部分籌碼在這個區域集中套現，交易十分活躍，形成密集成交區，並創下近期甚至是歷史天量。

　　當主力基本完成出貨任務後，股價步入下跌的不歸路，在日K線圖上形成頭部形態。這種出貨方式的優點是，可以使籌碼賣個好價錢，利潤達到最大化，缺點是獲利籌碼一時難以兌現，一旦操作不慎，往往功虧一簣。

　　集中賣出的主力手段在於，由於股價大幅上漲，散戶沉浸在獲利的喜悅中，這時主力悄然出貨，使股價出現滯漲震盪，散戶卻把這種震盪當作蓄勢整理而進場，這樣主力的獲利籌碼就能順利在高位兌現。

　　見圖表5-3，神火股份經過主力的充分炒作，人氣完全被啟動，股價出現快速上漲，主力獲利極為豐厚，基本到達集中賣出區域。

圖表5-3　神火股份（000933）的盤面走勢圖

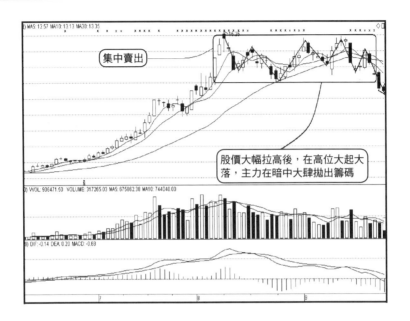

　　2017年8月初開始，股價進入盤頭走勢，大起大落，放量出貨。在多次出現破位跡象時，總是被主力成功拉起，護盤出貨跡象非常明顯。當主力基本完成出貨後，便放棄護盤，股價在9月25日破位下跌，此後進入中期整理走勢。

　　當股價高高在上時，對散戶來說只有投資機會，沒有投資價值。主力為了完成出貨計畫，必須透過高位股價震盪來麻痺散戶。

　　頭部震盪的時間長短，取決於股價累計漲幅、大盤走勢、操盤手法、主力成本等多種因素，但無論股價怎麼走，這個階段的交易規模必定會整體縮小，因為快進快出的短線高手屬於少數。因此，頭部成交量整體呈現縮小趨勢是這個階段的特點。

　　當然，主力為了吸引投資者的注意，經常用對倒的手法製造虛假的成交量。在主力對倒當日，股價在巨量的支持下，往往有一定的漲幅，並在隨後幾天裡仍然對倒。主力從中擇機出貨，股價出現放量滯漲現象，對倒造成快

速隆起的量峰。當主力放棄對倒時，盤面又恢復平靜狀態。由於很多主力在頭部使用對倒手法造勢，因此對倒放量也是頭部集中賣出的特點。

階段3：低點再買進

高賣低買是股市天條，不只是散戶喜歡這樣做，主力也願意這樣做。主力經過高位集中賣出後，手中仍有不少籌碼，但股價已有一定的下跌幅度。這時主力會進場護盤，在合適的低位再買進（但增量有限），再度將形態做好，同時一些場外短線資金也出現回補動作。

在技術上穩住重要的技術關口，一方面停止拋售，另一方面積極護盤。讓投資者感到股價已經止跌，同時做出一些典型的雙底、箱型或底部K線形態等止跌訊號，誤導投資者以為股價結束調整，即將展開新一輪升勢，進而盲目買進，使主力的出貨活動得以繼續進行。這種出貨方式的優點是高賣低買做價差，又使原先留倉籌碼賣得更高，也是自救的好辦法，缺點是部位加重，萬一失手，就會加大損失。

低點再買進的主力手段在於，股價經過前面的大幅拉升，吸引不少跟風盤，市場人氣較高，盤面活躍。這時主力停止拉升股價，悄悄出貨，使股價回落。由於主力還握有不少籌碼，沒有全部拋出，因此封堵股價持續下跌，並繼續拉起，使股價維持在高位震盪，構築新的技術圖形。許多散戶以為技術形態完好，而繼續持股不動，或是繼續買進做多。主力在散戶不知不覺中，順利完成出貨計畫。

見圖表5-4，創業環保經過主力成功炒作後，累計漲幅超過200%，股價高高在上。其實，主力已在峰前趁著市場火紅拋出大量籌碼，在股價見頂回落之前，手中籌碼已經不多。

然後，股價漸漸向下回落，成交量也同步縮小。主力為了使手中的少量籌碼也能賣個好價錢，在股價有了一定的下跌幅度後，開始進場護盤，用少量資金小幅加碼，並且拉高股價。隨後在高位形成平台整理，透過放量對倒手法，完成最後的出貨計畫，從此股價步入漫長的調整走勢，不知不覺將散戶套牢在高位。因此，投資者在實戰中遇到這種走勢時，可以在股價回升到前期高點附近全面出場。

圖表5-4 創業環保（600874）的盤面走勢圖

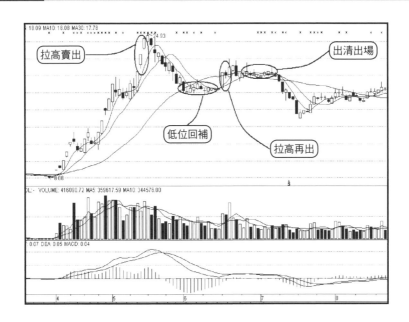

階段4：拉高再出

主力經過低點再買進後，股價出現回升走勢。這時散戶又出現新的跟風潮，主力抓住時機再次大量出貨。可見得，這是主力動用少量資金，拉高股價吸引散戶跟風。通常股價回升到前期高點附近時，主力會主動停止買進，否則如果繼續上攻，會遭到解套盤的賣壓，這樣主力會吃不消。這種出貨方式的優點是再次創造高賣的機會，缺點是一旦被散戶看穿，會得不償失。

見下頁圖表5-5，北方稀土被成功炒高後，主力在高位大量減少部位，在出貨中基本遵循拉高減少部位、集中賣出、低點再買進、拉高再出及全面出清這個過程。

當主力完成出貨計畫後，股價從2017年9月開始漸漸向下回落，進入中期調整走勢。因此，投資者必須緊跟主力步伐，才能保住獲利的果實。

圖表5-5	北方稀土（600111）的盤面走勢圖

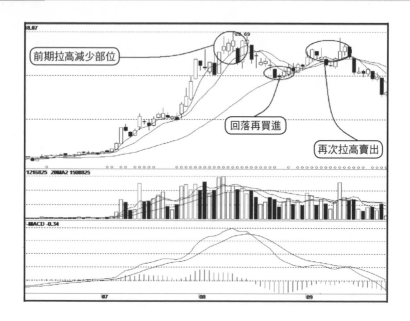

階段 5：全面出清

　　主力經過拉高減少部位、集中賣出，並經過低點再買進和拉高再出後，所持股位已經不多，甚至已經順利撤退或只剩一些庫存。這時主力抓住時機全面出清，至此成功完成一輪精心策劃的計畫。

　　可見得，股價回升後再次下跌時，就是散戶最後的逃命機會。投資者應把握機遇，否則會被套牢。這種出貨方式的優點是完成勝利大逃亡，缺點是有時庫存可能會賣得很低。

　　見圖表5-6，冀東裝備大幅炒高後，主力在高位大量拋出籌碼。經過低點再買進後，主力在高位全面出清，股價進入中期調整走勢，整個出貨過程如詩如畫，妙趣橫生。

　　投資者可以按照上述主力出貨的示意圖，自行琢磨、分析，一定能找到主力出貨的蛛絲馬跡，這樣就不會被套牢，既能感受到跟莊帶來的獲利，又

圖表5-6　冀東裝備（000856）的盤面走勢圖

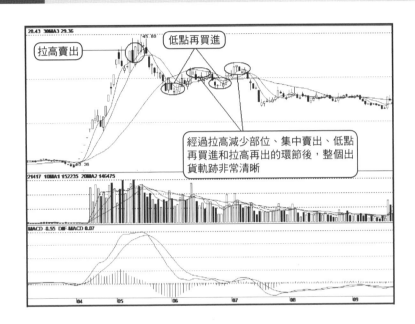

能洞悉做莊過程的樂趣。

　　上述剖析主力出貨的基本過程及步驟，可以發現出貨手法萬變不離其宗，只不過在一些盤面細節上有所差別。投資者只要認真分析盤面走勢，一定會發現其中規律。這樣便掌握了出貨的祕密，就能抓住主力的咽喉，成為一名馳騁股市的高手。

5-2

【持續假拉高】拉出上漲大陽線……，讓跟風者被套牢

 高位誘多陽線

　　股市經過主力的大幅炒作或反彈後，股價到達高價位區，獲利十分豐厚。主力為了盡可能在高位出貨，會刻意做出各式各樣的誘多訊號，吸引散戶進場接單，而持續拉出陽線特別是大陽線，是最常用也是最有效的誘多手法。因此，在高位出現大陽線的背後，往往隱藏著巨大的主力陷阱。投資者應理性分析和判斷，以免落入主力設置的圈套中。

　　見圖表5-7，中安消的主力在長時間的底部震盪過程中，吸納大量低價籌碼。股價成功脫離底部區域後，主力大幅炒作，股價短期漲幅巨大，獲利非常豐厚。

　　股價在高位經過短暫的回落整理後，主力為了更好地在高位兌現獲利籌碼，繼續將股價向上推高，連續拉出多根上漲大陽線，創出本輪行情的上漲新高。這時，不少散戶認為股價展開新一輪上漲行情，紛紛選擇參與。但是，隨後的走勢出乎意料之外，股價很快出現放量下跌，市場步入中期調整走勢，將跟風買進者套牢在高位。

　　從圖中可以看出，股價在這些大陽線之前出現暴漲走勢，累計漲幅巨大，短期市場存在回檔風險，這些上漲陽線只是主力用來欺騙入市不久的散戶。因此，當股價在高價位區不斷出現新高時，投資者應及時減少部位或是出場。

　　在實戰操作中，要特別注意連續出現多個一字形或T字形漲停後的大陽線。這種大陽線具有很大的欺騙性，大多是主力出貨K線。通常，在主力快

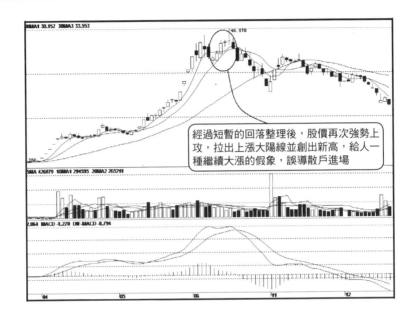

圖表5-7　中安消（600654）的盤面走勢圖

經過短暫的回落整理後，股價再次強勢上攻，拉出上漲大陽線並創出新高，給人一種繼續大漲的假象，誤導散戶進場

速拉升行情時，經常連續以一字形或T字形漲停方式拉高股價，這種走勢短期內堆積大量的獲利籌碼，一旦打開漲停板，可能會引發巨大的賣盤。

但是，主力竭盡全力護盤，在高位繼續拉出大陽線，築巢引鳳，引誘散戶積極參與。當那些初生之犢不畏虎的散戶紛紛進場後，股價卻反轉下跌，形成高位大陽線的陷阱。

見下頁圖表5-8，華麗家族實力強大的主力入駐其中，經過長時間的震盪築底過程，主力吸納大量的低價籌碼，隨後股價突然一躍而起，出現一波井噴式行情。股價連續以一字形或T字形跳空漲停，短期漲幅非常驚人。

當股價打開漲停板之後，賣盤迅速加大，但是主力扛起一切壓力，使股價維持在高位，並在高位繼續拉出大陽線，甚至拉出漲停大陽線，吸引散戶參與。這時，有的散戶以為股價後市還會上漲，而盲目跟風加入，結果股價很快反轉下跌，散戶被套牢在高位。在這樣的高位，風險不言而喻，投資者應遠遠避開。

圖表5-8　華麗家族（600503）的盤面走勢圖

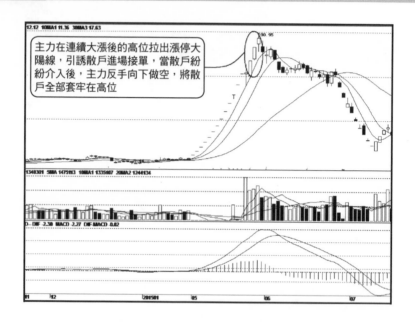

主力在連續大漲後的高位拉出漲停大陽線，引誘散戶進場接單，當散戶紛紛介入後，主力反手向下做空，將散戶全部套牢在高位

最後的快速衝刺

　　主力完成建立部位後，股價慢慢脫離底部，然後緩緩抬高，上漲步伐漸漸加快，最後達到加速衝刺階段。在整個上漲過程中，呈現圓弧形上漲態勢，速度越來越快，角度越來越陡峭，最後形成快速衝刺走勢，這時成交量明顯放大。

　　「加速衝刺」是上漲過程中最凶猛、最瘋狂的階段，也是最引人注目的過程，更是風險聚集的階段，往往是上漲行情即將結束的時段。

　　很多時候，這是主力故意拉高的行為，目的是藉由快速拉高手法，在市場瘋狂中趁機出貨，同時也能節省主力成本。因此，投資者在這個階段一定要沉得住氣，在與主力鬥智鬥勇時，不但需要智慧和眼光，還要有定力，才能避免掉進各式各樣的技術陷阱。否則，一旦在這個階段被套牢，無異於甕中之鱉，短期內難以脫身。

圖表5-9　普利製藥（300630）的盤面走勢圖

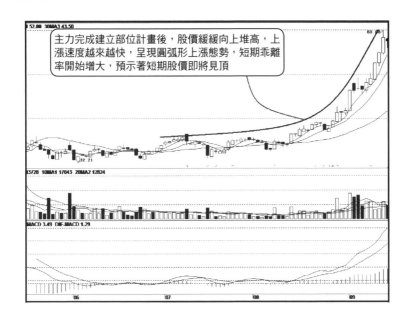

見圖表5-9，普利製藥的主力採用圓弧式拉升方式。在主力完成建立部位計畫後，股價漸漸進入上升趨勢，主力在初入升勢時，讓股價在平緩的上升通道中慢慢爬行，盤面呈現小紅小綠，多空拉鋸，微幅抬高，重心上移。

之所以形成這種盤面走勢，一方面可能是因為散戶的信心一下子未能恢復，不敢盲目追漲，另一方面可能是主力不敢輕易拉高股價，擔心遭到散戶拋售。

隨著勢道的盤堅後，散戶開始逐步追進，增加股價推升的力量，使股價越走越快，形成圓弧形上升走勢。

在這類個股中，當股價加速拉升結束時，通常是一個中期頭部，所以散戶在快速拉升結束時，應選擇出場。

這類個股的主力意圖是，在起漲底部階段放緩上漲速度，為了不讓底部介入者獲取更多利潤，盡量讓浮動籌碼在底部自由買賣，使市場平均持股成本向高處轉移。中後期的快速拉升，引發更多買盤資金加入，幫助主力拉高

股價，實現獲利大逃亡。

　　散戶操作策略：這種拉升方式的累計漲幅較大，散戶進場後要保持良好的心態，不要頻繁操作，可以忽視上漲過程中出現的小幅震盪，當股價出現異常波動，例如衝高回落或產生大陰線時，應考慮賣出。投資者可以在股價回落到均線附近時，買進做多。

5-3

【假蓄勢整理】高位大陽線即將見頂，有6個盤面特徵

通常，股價經過大幅上漲後，會在高價位區維持一段時間的震盪走勢。這是主力為了讓自己的籌碼賣到好價錢，盡力將股價維持在高位震盪，不時出現一根根大陽線，營造蓄勢待發的假象，讓散戶認為股價經過蓄勢整理後，將迎來新的上漲行情，當前是一個較好的買點。有的散戶經不住大陽線的誘惑而參與，不料主力一反常態，使股價下跌，便中了高位震盪中的主力誘多手段。

見下頁圖表5-10，西藏天路在2017年7月出現一輪暴漲行情，主力短期獲利較大。無論後市股價是否繼續上漲，短期都需要兌現獲利籌碼，因此兌現籌碼是主力當務之急。所以，主力竭力將股價維持在高位震盪，透過高位大陽線維持市場人氣，達到盡可能在高位出貨的目的，分別在8月1日和8月4日的高位拉出大陽線，形成蓄勢待發的假象，引誘散戶跟風進場。

結果，股價沒有出現持續的上漲行情，繼續陷入盤跌走勢，在大陽線當天介入者，別說賺錢，不被套牢就已是萬幸。

其實，這2根大陽線都存在一些技術缺陷。在前面的大陽線產生之後，第2天幾乎被一根大陰線覆蓋，形成高位鑷頂形態，多頭氣勢一掃而光。後面這根大陽線，是受到前低支撐而產生的短期彈升走勢，這時股價已完全處於橫向盤整狀態，上漲勢頭漸漸消退，且成交量大幅萎縮，顯然沒有上漲的動力。

隨後股價回落到30日均線之下，盤面漸漸走弱。因此，對於高位盤整中出現的多頭訊號，投資者可以暫時放棄猜測後市行情是否繼續走高，僅短線盤整就是一段難熬的日子，因此選擇觀望為佳。

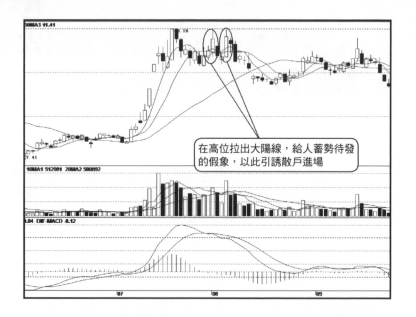

圖表5-10　西藏天路（600326）的盤面走勢圖

在高位拉出大陽線，給人蓄勢待發的假象，以此引誘散戶進場

高位大陽線即將見頂的盤面特徵有以下6個。

（1）在股價大幅上漲後出現。

（2）當日或前後幾日成交量激增，甚至出現天量。

（3）股價重心開始下移。

（4）一般在一週之內，大陽線開盤價就會被擊穿，且擊穿後股價出現快速下跌態勢。

（5）發揮誘多的功用，掩護主力高位出貨，是典型的趕頂訊號。

（6）如果主力拉大陽線的目的，是要把股價做上去，通常不會讓後面的K線跌破大陽線的開盤價，相反地，如果主力拉大陽線的目的是誘多出貨，通常大陽線的開盤價不用多久就會被擊穿。

【假技術支撐】利用散戶對支撐位的信賴，暗中出貨

股價經過持續大幅上漲或反彈行情後，主力為了達到高位出貨的目的，經常運用一些很直觀的技術支撐位，製造一些多頭陷阱，利用散戶對技術支撐位的信賴暗中出貨。

在市場中能夠成為支撐位的有：均線、趨勢線（通道）、技術整理形態、成交密集區及黃金分割線、整數點位和時間之窗等。這些位置散戶一看就明白，也是大眾散戶所期盼的位置。

因此，主力抓住散戶的心理，在支撐位附近施加不少手段。當股價回檔到這些敏感技術位置附近時，主力開始進場護盤，股價往往出現一個停頓過程，在盤面上賣出股票，回檔遇到強大支撐的虛假訊號。這時，有不少散戶看到股價跌不下去而紛紛買進，主力則不斷在暗中出貨。

直到最後沒有人接盤時，股價會快速回落到支撐位之下，這時散戶就被套牢在上面。這種現象在股價上漲後的高位、下跌途中及反彈高點，都有可能出現，投資者應謹慎因應。

均線假支撐

股價被大幅炒高後，主力不斷拋出籌碼，導致股價向下回落。當回檔到均線系統附近時（短期、中期、長期均線皆有可能，多數主力以30日均線做盤），股價暫時停止下跌步伐。不少散戶在這個位置附近紛紛進場做多，股價獲得站穩或出現小幅回升走勢，這時更加堅定散戶的持股信心。可是沒過多久，股價破位下跌，散戶的希望破滅。

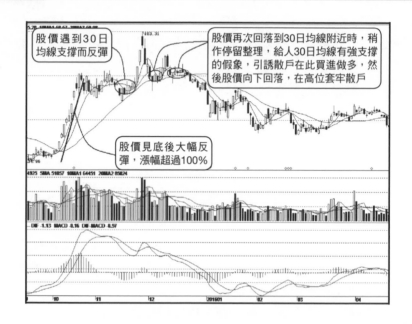

圖表5-11　生意寶（002095）的盤面走勢圖

（圖中標註）
股價遇到30日均線支撐而反彈

股價再次回落到30日均線附近時，稍作停留整理，給人30日均線有強支撐的假象，引誘散戶在此買進做多，然後股價向下回落，在高位套牢散戶

股價見底後大幅反彈，漲幅超過100%

　　見圖表5-11，生意寶的主力完成建立部位計畫後，出現大幅反彈行情，股價短期漲幅超過100%。股價拉高後，當第1次回落到30日均線附近時，獲得30日均線支撐而反彈，股價向上突破並創出新高，表面看起來多頭非常強勁，大有再來一波快速拉升的意思。

　　這時偏好均線理論的散戶便可以找到做多的理由，那就是均線支撐作用，這通常是多頭發起攻擊的明確訊號，因此有不少散戶選擇在30日均線附近買進，並且獲得一些微薄的利潤。

　　不久，股價很快衝高後回落，第2次回落到30日均線附近，並一度擊穿30日均線支撐，由於主力沒有順利完成出貨計畫，於是再次拉起股價，這時又一批散戶跟風而入，但是這次的上拉力道明顯不如前一次，小幅反彈後股價又一次回落。

　　當股價第3次在30日均線附近停留整理，形成30日均線有強大支撐的假象，不少貪便宜的散戶以為，股價會遇到30日均線支撐而再次反彈，紛紛在

30日均線附近買進。但是，第3次主力不給機會，經過短暫停留後股價震盪回落，並擊穿30日均線的支撐，之後再也沒有返回到30日均線上方，隨之均線系統呈現明顯的空頭發散。

這時，散戶回過頭來看才恍然大悟，原來主力利用30日均線的支撐作用誘多出貨，主力逃跑之後下跌之勢立刻顯現。在實戰中有很多這樣的實例，投資者應認真分析，不要再被主力欺騙。

在分析股價的支撐位時，關鍵在於股價的位置。當股價處於快速上漲後的高位或反彈高點，支撐位就有可能成為主力的誘多機會，或是由多頭的漲後餘波所致，只要沒有創出新高就不能看好。落實到實戰操作上，只能逢高出逃。即使無法馬上退出，在隨後出現走弱時也應該出場。

因此，分析高位支撐位出現時的背景很重要，千萬不可被表面現象所迷惑，看到支撐位就判斷股價一定會漲，這樣容易掉進主力設置的誘多陷阱中。而且，從該股的成交量分析，也已經出現明顯的萎縮狀態，說明股價經過前面的反彈後，後續上漲動能漸漸衰弱。

均線系統也從上升轉為走平狀態，支撐力道漸漸消退，股價已處於搖搖欲墜中。因此，這時的支撐位是主力誘多行為的表現，投資者要謹慎區分。

而且，在該股走勢中非常有趣的一點是，第1次回落到30日均線附近時，股價出現強勁的反彈上衝，而第2次回落到30日均線附近時，沒有第1次那麼強勁有力，而第3次回落時，根本沒有出現反彈行情，這一點在實戰中一定要切記。

形態假支撐

在實戰操作中，主力在高位經常借助某些技術整理形態來掩護出貨，例如：圓弧形、潛伏形、箱型、三角形、楔形或旗形等。當股價回落到這些形態的底部附近時，就會停止下跌走勢，形成一個站穩回升過程。

這時，有些散戶認定是股價遇到支撐而開始反彈，因此紛紛進場買股。可是股價走勢恰恰相反，不但沒有上漲，反而出現下跌走勢，這時主力的出貨意圖慢慢表現出來。

見下頁圖表5-12，廣安愛眾經過大幅炒作後，主力在高位兌現獲利籌

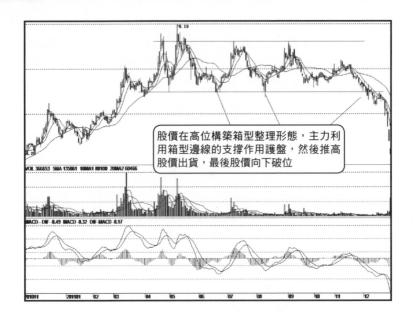

圖表5-12　廣安愛眾（600979）的盤面走勢圖

> 股價在高位構築箱型整理形態，主力利用箱型邊線的支撐作用護盤，然後推高股價出貨，最後股價向下破位

碼，股價出現震盪走勢。當股價每次回落到前期低點附近時，主力就會利用散戶對該位置的支撐期望，運用少量資金護盤，將股價再次向上推高，然後在高位繼續出貨。

如此反覆多次，形成一個不規則的箱型整理形態。當越來越多散戶相信這個箱型時，主力的獲利籌碼也出貨得差不多。隨後，股價漸漸滑落，脫離頭部區域，散戶被套牢在高位。

從該股可以看出，當股價回落到前期低點附近時，有不少散戶逢低介入。這時主力見風使舵，輕鬆拉一把就會有更多散戶跟進，股價出現一定幅度的上漲，發揮四兩撥千斤的效果。然後，當散戶習以為常時，主力借刀殺人，不斷出脫籌碼。

投資者面對這種盤面時，應謹慎操作，通常越是往後出現的支撐位，其支撐力道越弱。這時如果股價回升無力，那麼離下跌行情就不遠了。

圖表5-13	亞星客車（600213）的盤面走勢圖

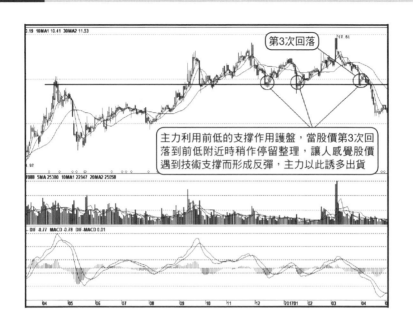

前低假支撐

由於主力擁有大量籌碼，很難在高位一次完成出貨計畫，因此出貨需要一個過程，這是主力出貨的最大弱點，不像散戶在極短的時間內，就能把全部籌碼賣光。因此，當股價回落到一定的幅度後，會被重新拉起，形成一個顯著的低點。

此後，當股價再次回落到這個低點附近時，往往具有較強的支撐作用，成為市場普遍認可的支撐位，於是有不少散戶在這個低點附近介入。這種做法在一般情況下是對的，問題在於主力通常會採用反大眾思維，把散戶看好的支撐位當成出貨的最佳時機，製造技術支撐陷阱，欺騙不少散戶。

見圖表5-13，亞星客車股價見底後逐波走高，主力開始慢慢撤離，股價在高位震盪。由於主力手中籌碼較多，很難一次全部賣出，所以股價出現上下震盪走勢，經過幾次起落，形成多個低點，通常這些低點會有一定的支撐

作用。

從圖中可以看出，當股價再次回落到這個位置附近時，廣大散戶紛紛看好該位置的支撐作用，於是不斷介入做多。這時主力順水推舟向上推升股價，於是前期低點的支撐作用展現，既穩定場內的散戶，又吸引場外的散戶，主力就能順利脫身。

當主力基本完成出貨計畫後，2017年4月股價開始向下跳水，不少散戶被套牢在高位，這就是主力利用前期低點的支撐作用來欺騙散戶。

⑤ 盤區假支撐

股價在長時間的震盪過程中，經常形成一個盤整區或成交密集區。該區域對股價具有重要的支撐和壓力作用，如果股價從上向下回落到該區域時，往往得到較強的技術支撐而站穩，甚至產生一波升勢行情，因此該區域是被市場普遍看好的買進位置。

但在實戰中，這些位置經常被主力用來製造虛假的多頭訊號。當散戶紛紛看好這個位置時，主力卻在暗中不斷出脫持股，最終該區域失去應有的支撐作用，散戶被套牢在其中。

見圖表5-14，第一創業的股價被成功炒作後，主力在高位實施出貨計畫，但是主力出貨絕非易事，當股價下跌一定的幅度後，一批散戶得到較好的買進機會，然後股價重新拉起走強，可是反彈力道不強勁，在前期高點附近遇阻回落。

隨後，當股價再次回落到前面低點附近時，再次出現站穩反彈。這時有不少散戶認為股價獲得強大的技術支撐，且疑似構築雙重底形態。如此一來，增加散戶的看多熱情，並讓他們堅信後市股價將向上走高，而紛紛在這裡買進做多。可是，當股價反彈到前期高點區域時，再次受阻回落。

這時的主力非常狡猾，當股價回落到前低附近時短暫停留，股價似乎遇到強勁的支撐而跌不下去，這時有不少散戶在前低附近介入等待主力拉升，可是這次股價沒有出現意料中的反彈行情，反而在2017年1月13日向下擊穿前期盤區的支撐，從此出現一輪下跌走勢，股價進入中期調整。

圖表5-14	第一創業（002797）的盤面走勢圖

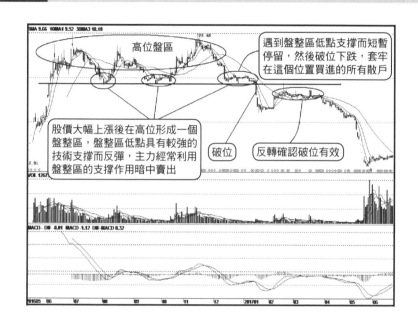

趨勢假支撐

　　在一般情況下，趨勢一旦形成並得到市場認可時，就會對股價的漲跌發揮支撐和壓力作用，投資者可以據此尋找最佳買賣點。舉例來說，上升趨勢成立後，市場做多熱情高漲，股價整體依循上升趨勢線向上攀高，當股價回落到這條趨勢線附近時，往往會獲得較強的支撐而止跌回升。

　　因此，當股價回落到上升趨勢線附近又止跌回升時，是難得的買進時機。但在實戰操作中，股價回落到這條趨勢線附近時，僅作短暫的停留走勢，在盤面上產生止跌回升的假象。當散戶紛紛介入後，股價開始向下突破，展開跌勢行情，套牢在支撐線附近買進的所有散戶，形成下跌遇到支撐的陷阱。這也是主力的出貨手段。

　　見下頁圖表5-15，萬潤科技的股價站穩後向上運行，形成一條明顯的上升趨勢線，也成為股價下跌的支撐線，這條趨勢線多次發揮支撐作用，不斷

圖表5-15　萬潤科技（002654）的盤面走勢圖

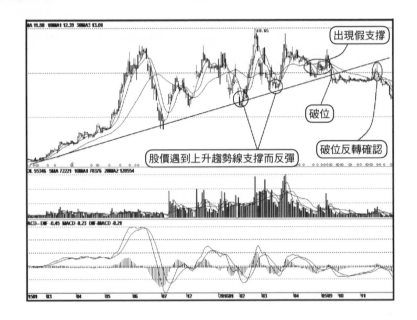

出現假支撐

破位

破位反轉確認

股價遇到上升趨勢線支撐而反彈

向上拉起股價，因此趨勢線附近是一個較好的買點。

但是，當大家普遍看好這條支撐線時，股價往往出現反向運行。不久，當股價再次回落到上升趨勢線附近時，股價停止下跌步伐，出現短暫的站穩走勢，預示股價將重拾升勢，所以不少散戶在這個位置買進做多。可是，經過短暫的震盪整理後，股價在2016年9月26日選擇向下破位，從此進入中期調整，上升趨勢線也形成一個支撐陷阱，將進場者全部套牢。

那麼，這支股票的上升趨勢線為何得不到支撐？原因有以下4個。

（1）股價觸及上升趨勢線時，沒有被大幅拉起。這是主力利用上升趨勢線的支撐作用誘多出貨的典型表現。股市中有「久盤必跌」之說，該股在高位形成較長時間的橫盤走勢，即使上升趨勢線難以支撐股價走強，下跌也比上漲容易得多。

（2）股價遇到趨勢線支撐時，成交量沒有及時放大，表明多數投資者持謹慎態度，難以推動股價上漲，上升趨勢線的支撐作用值得懷疑。

（3）從均線分析，30日均線已在高位走平，股價明顯受到均線壓制，上升趨勢線的支撐力道將受到影響。

（4）從技術形態分析，前面已經形成2個小高點，將這2個高點連接成一條直線，便成為一條下降趨勢線，這條下降趨勢線與上升趨勢線構成一個對稱三角形，當股價向下擊穿上升趨勢線時，也是股價突破三角形的底邊線支撐，其看空意義非常重大。

　　根據上述分析判斷，上升趨勢線附近的支撐力道非常小，容易被空方力量打破。這是主力利用趨勢線的支撐作用，製造做多技術的假象來橫盤出貨。投資者遇到這個情形時，不要急於買進，而是先觀察下一步的走勢。如果股價向上有效突破30日均線或再創新高時，可以適當買進；如果股價向下擊穿上升趨勢線時，應當逢高及時賣出。

 5-5 【壓力假突破】向上突破均線、前高等，發出做多訊號

在股價大幅上漲或反彈後的高位，主力為了達到高位出貨的目的，經常向上突破某些重要的技術壓力位，吸引散戶的注意和參與，盡可能消除散戶對這些敏感位置的顧慮。

當散戶紛紛進場後，主力露出真實的出貨意圖。具備突破意義的有：均線、趨勢線（通道）、技術形態、成交密集區及黃金分割線、整數點位和時間之窗等。這些位置非常直觀，在股價沒有突破前，散戶對此都有所顧忌。因此，主力抓住散戶的心理，在壓力位附近製造向上突破的假象，向市場發出做多訊號，這時有不少散戶看到股價形成向上突破，迫不及待介入。

主力不斷在暗中出脫持股，直到最後沒有跟風者時，股價開始回頭向下，這時散戶已經被套牢。這種現象可能出現在股價上漲後的高位、下跌途中及反彈高點，投資者應謹慎操作。

均線假突破

均線具有提示運行趨勢、行情強弱、支撐壓力、助漲助跌及技術騙線較少等顯著優點。根據葛蘭碧八大法則，當股價一度跌破上升的均線後，很快又返回到均線之上，就是買進訊號。因此，當股價從下向上突破均線時，股價由均線下方轉為均線上方，預示股價漲勢依舊，後市仍將上漲，是一個看漲訊號。

但在主力出貨階段，這個訊號容易成為虛假訊號。主力為了維持在高位出貨，刻意拉抬股價，向上突破均線系統，形成技術突破走勢，加強市場做

圖表5-16 四川雙馬（000935）的盤面走勢圖

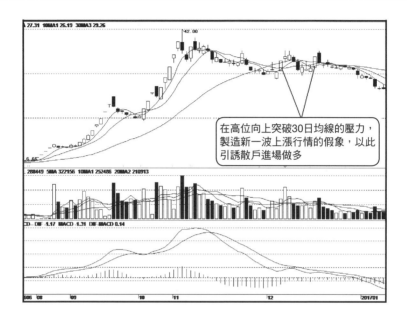

在高位向上突破30日均線的壓力，
製造新一波上漲行情的假象，以此
引誘散戶進場做多

多氣氛。但隨後股價並沒有持續上漲，反而快速轉為下跌走勢，進而順利達
到出貨目的。

　　均線可分為短期均線、中期均線、長期均線3種類型。在股市中，多數
主力以30日均線做盤。在此僅就股價向上突破30日均線為例分析，對於其他
類型的突破走勢，投資者可以根據本書提供的思路，自我研判、總結。

　　見圖表5-16，四川雙馬的股價經過大幅炒作後，主力在高位不斷出貨，
股價漸漸回落到30日均線之下，30日均線也由上漲狀態漸漸轉為走平狀態，
對股價構成一定的反壓。主力為了不使技術形態走得太難看，便開始護盤拉
高，分別在2016年12月6日和12月16日放量漲停，讓股價重新返回到30日均
線之上，形成多頭突破訊號。

　　這時，有些散戶看到股價向上突破30日均線後，以為股價出現新一輪上
漲行情，於是開始紛紛進場做多。但是，股價沒有出現預期的上漲行情，很
快轉跌後，將散戶套牢，形成假突破陷阱。

從圖中可以看出，雖然股價重新站到30日均線之上，但依然存在以下3個技術疑問。

（1）前一次股價返回到30日均線之上時，30日均線上升速率明顯放緩，由上漲狀態漸漸轉向走平狀態，說明助漲功能開始減弱。前2次股價返回到30日均線之上時，30日均線已轉為下跌狀態，對股價上升無法發揮助漲作用。

（2）股價突破30日均線後，沒能出現持續上漲走勢，而且也沒有達到突破的條件，也就是突破的幅度要大於3%，在突破位置的上方要站穩3天，才能構成有效突破。

（3）成交量沒能持續放大，僅在突破當天出現大幅放量走勢，顯示進場資金不明顯，進而限制股價的上漲高度，疑似主力放量對倒出貨。

因此，該股向上突破，是主力為了出貨而設下的多頭陷阱，投資者應在股價重新回落到30日均線之下時，果斷賣出。

透過上述實例得知，我們應掌握股價與均線的關係，以下詳細說明。

（1）均線向上，市場仍將持續強勢，股價向上運行。這時股價向上突破均線時，做多訊號最強，應買進。

（2）均線走平，市場處於橫盤態勢，股價方向不明。這時股價向上突破均線時，出現做多訊號，觀望或在反轉確認突破有效時跟進。

（3）均線向下，市場處於弱勢之中，股價向下運行。這時股價向上突破均線時，做多訊號最弱，應謹慎操作或在反轉確認突破有效時跟進。

（4）均線呈現45度角運行時最理想。角度太陡，謹防回落；角度平坦，支撐力道較弱。股價向上突破均線時，可以積極做多。

（5）當股價向上突破均線系統時，黏合後的均線出現同步向上發散，積極做多。

（6）當股價向上突破均線系統時，均線已呈現多頭排列，應進一步積極做多。

圖表5-17	西藏城投（600773）的盤面走勢圖

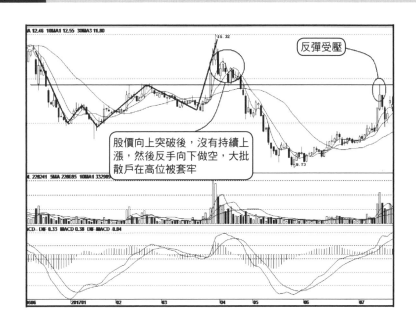

股價向上突破後，沒有持續上漲，然後反手向下做空，大批散戶在高位被套牢

反彈受壓

形態假突破

　　股價在高位震盪的過程中，經常形成某些技術整理形態，例如：圓弧形、潛伏形、箱型、三角形、楔形或旗形等。股價一旦成功向上突破這些技術形態，表示技術形態成功構築完畢，股價將沿著突破方向繼續向上運行，因此是較好的買進訊號。

　　但在實戰中，經常出現假突破現象。當散戶紛紛買進股票後，股價卻很快出現下跌走勢，主力露出真實的出貨意圖，這時散戶已經被套牢。

　　股價向上突破技術形態，通常以突破某條趨勢線為開端。當這條趨勢線在某個交易日被突破後，股價朝著突破方向走出不遠，就反向退回，甚至反向突破，便形成假突破走勢。這種突破也稱作反向假突破，也就是在突破前往往有一個與真突破方向相反的假動作。

　　見圖表5-17，西藏城投在長時間的底部震盪過程中，形成一個小盤區，

股價似乎已經跌不下去，顯現散戶的惜售心理。這時主力抓住散戶的心理，在2017年3月28日，股價放量向上突破雙重底的頸線壓力時，前期持股的散戶信心十足，堅定持股不動，而持幣者也大舉介入。

不過事與願違，股價在突破位置稍作停留，在買盤減少後，選擇向下運行，將散戶全部套牢。然後，主力在低位吸納低價籌碼，當股價再次回升到突破位置附近時，散戶往往選擇停損出場。這是出現在底部區域的假突破現象，這種盤面走勢同樣出現在大幅的高位，投資者應格外重視。

一般來說，當股價向上突破技術形態時，表示股價下跌或回檔結束，是較好的買進訊號。但在實戰操作中，經常出現假突破走勢，給投資者預判後市增添不少難度。對此，我根據多年實戰經驗，提供以下6個方面的技術要點，供讀者參考。

（1）有效突破的前提是股價的位置和階段。假設股價處於底部吸貨階段、中途整理區域、主力成本區域附近，若向上突破，其真突破的機率較大，若向下突破，其假突破的機率較大。假設股價處於高位出貨階段、遠離主力成本區域，若向上突破，其假突破的機率較大，若向下突破，其真突破的機率較大。

（2）股價向上突破時，盤面必須有氣勢、有力道，並且有持續性。如果只是短暫的衝破，突破肯定無效。另外，掌握一般技術形態的構築時間，微型的技術形態可靠性不高，股價的突破意義也不大。

（3）在考察成交量時，一定要注意價與量的配合。如果量價失衡（巨大的成交量突破後快速縮量、突破後放量不漲或突破時成交量過小，都屬於不正常的現象），則可信度差，謹防主力以假突破的方式出貨。

（4）股價無量突破形態的頸線，且突破幅度不足以確認為正式突破時，有假突破的可能。如果股價在突破後不久，再度回到形態的頸線之下（並非頸線反轉確認），應賣出觀望。

（5）分析突破時的盤面細節，有利於提高判斷的準確性。比方說，當天的突破時間早晚，通常當天的突破時間越早越可靠，臨近收盤的突破就值得懷疑。觀察當天的突破氣勢，突破時一氣呵成、剛強有力、氣勢磅礡，可靠性高。突破後能堅守在高位，可靠性高。若股價只是在當天盤中瞬間碰觸，突破肯定不能成立。這些盤面細節十分重要，應細心觀察、分析。

（6）**符合百分比法則和時間法則。**突破的幅度要超過3%，持續時間應在3天以上。

前高假突破

股價經過持續的大幅上漲或反彈行情後，主力為了使籌碼賣個好價錢，刻意在高位拉升股價，成功突破前期的明顯高點，形成強勢的多頭市場特徵，引誘散戶進場接單。

這時，散戶看到前期高點壓力位被突破後，認為股價的上漲空間被有效打開，於是紛紛買進做多。這種做法在理論上沒有錯，關鍵是在實戰中經常出現破高反跌現象，股價創出新高後沒能維持在高位，尤其是盤中瞬間衝高後快速回落，更具欺騙性。可見得，在高位出現突破前期高點走勢，不見得都是好事，操作不慎很容易落入主力的詭計。

見下頁圖表5-18，方大炭素的主力在低位吸納大量低價籌碼後，股價被大幅炒高，順利完成主升段上漲行情。這時主力的首要任務是出貨，但對於大幅炒作後的個股，主力出貨絕非易事，因此要講究出貨章法。

主力常用的出貨手法之一，是以突破的方式繼續創出新高，形成股價上漲空間非常巨大的假象，吸引散戶踴躍參與。這支股票在2017年9月中旬，股價在高位連續拉出放量大陽線，成功突破前期高點壓力，盤面上形成新一輪上漲的攻勢。

這時，有的散戶以為新一輪上漲行情又開始了，且受到前期大漲的誘惑，而紛紛跟風介入。誰知道，這是主力精心布局的多頭陷阱，當散戶不斷介入後，隨之而來的是緩緩下跌，這種溫柔的走勢將高位買進的散戶全部套牢。

為何該股突破前期高點是一個多頭陷阱？原因有以下3個。

（1）股價已經完成主升段炒作，後市即使上漲也是漲後餘波行情，上漲空間十分有限，介入的風險極大。

（2）連續上漲的陽線呈現收斂形組合，也就是上漲幅度一天比一天小，K線長度一天比一天短，顯示上方壓力日趨增大，主力出貨堅決。

（3）MACD、RSI、KDJ、W%R等多項技術指標，呈現頂背離或鈍化

圖表5-18　方大炭素（600516）的盤面走勢圖

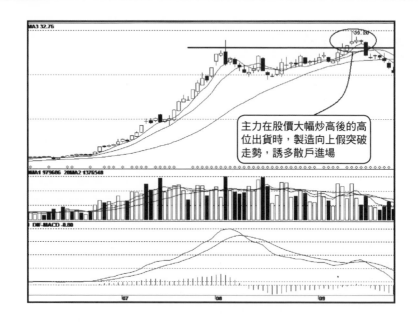

主力在股價大幅炒高後的高位出貨時，製造向上假突破走勢，誘多散戶進場

狀態，不支援股價進一步走高。

因此，在實戰操作中，投資者遇到經過主升段炒作後的個股，無論出現多麼誘人的看漲訊號，都不要輕易介入，以免落入主力設置的多頭陷阱。

見圖表5-19，上港集團的股價經過快速大幅拉升後，短期漲幅較大，主力獲利豐厚而急於兌現獲利籌碼，但出貨要講究做盤手法，於是採用假突破方式，創出股價上漲新高。不久，在高價位區出現一根放量漲停的大陽線，表面看起來多頭非常強勁，大有再來一波快速拉升的意圖，這時有不少散戶被騙進去。

第2天，股價開盤後繼續大幅衝高，刷新前期高點，不少散戶在當日盤中紛紛追高買進。但是到了收盤時，股價大幅回落，收出一根帶長上影線的流星線，當天買進的散戶全部被套牢。

第3天，股價跳空開低走低，報收跌停大陰線，並留下一個當日沒有回

圖表5-19	上港集團（600018）的盤面走勢圖

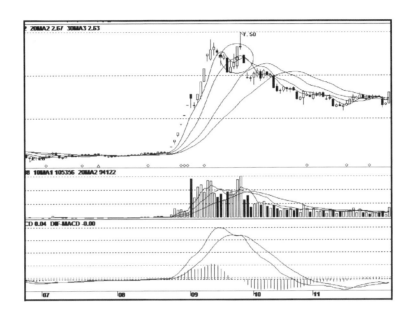

補的向下跳空缺口，在高位構築一個黃昏之星形態，而且股價向下擊穿10日均線的支撐，隨後10日均線掉頭向下，股價漸行漸弱。這時散戶才明白，原來這是主力在拉高出貨。

　　判斷股價突破的關鍵，在於股價所處位置。當時，該股股價處於快速上漲後的高位，市場本身累計較大的風險，因此每次上漲都可能是誘多行為，或是多頭漲後餘波所致。所以，分析股價突破的背景很重要，以免掉進主力設置的誘多陷阱中。

　　而且，在盤中出現對倒放量嫌疑，說明上漲動能漸漸衰弱。短期均線也從上升轉為走平狀態，爆發力漸漸消退，股價已處於搖搖欲墜之中。更重要的是，在股價突破的當天出現衝高滑落走勢，形成一根長長的上影線，顯示主力撤退跡象非常明顯。

　　第2天股價開低走低，最終報收跌停，進一步暴露前一天突破的虛假性。因此，股價向上突破是主力誘多行為的表現，投資者要謹慎看待。

⟨\$⟩ 盤區假突破

　　股價在長時間的震盪過程中，經常形成一個盤整區或成交密集區，該區域對股價具有重要的支撐和壓力作用。如果股價向上脫離盤整區，意味著股價擺脫盤整區的制約，將出現新一輪上漲行情，是一個普遍看好的買點。

　　但在實戰中，經常出現假突破現象，主力利用假突破製造多頭訊號。當散戶紛紛在這個位置介入時，主力卻在暗中不斷出貨，最後股價快速回落到該盤整區下面，從此進入弱勢調整走勢，散戶被套牢。

　　見圖表5-20，天房發展大幅下跌後，出現一波較大的反彈行情。然後，股價在高位出現震盪走勢，形成一個盤整區，主力在這裡減少部位操作。

　　2017年1月12日放量向上突破，股價出現漲停，但隨後2個交易日又回落到盤整區的底邊線附近，這時股價再次站穩並形成向上突破，市場似乎即將迎來新的上漲行情，可以作為買進訊號。但是，買進股票後，股價經過短暫盤整，選擇向下盤跌走勢，套牢追漲買進的散戶。

　　股價突破盤整區的現象，在上漲後的高位、下跌途中及反彈高點都可能出現，投資者應謹慎因應。下面是一個出現在反彈高點的假突破例子。

　　在該股中，主力手法是透過向上突破盤整區，讓散戶產生股價向上突破的誤判，以為前面的整理走勢是多頭蓄勢整理，因此散戶輕易受騙上當。

　　那麼，該如何看待這樣的盤面？從圖中可以看出，在股價向上突破時，受到前期套牢盤和低位獲利盤的明顯賣壓，在股價向上突破整理區後，沒有形成持續的攻勢，成交量也沒有持續放大，說明買盤不積極，投資行為十分謹慎。

　　這時，投資者應觀望隨後幾天的走勢。如果股價繼續強勢走高，則向上突破成立，可以在回檔時逢低介入。如果股價回落時，在盤整區附近得不到支撐，就要逢高賣出。持幣者則應保持觀望，不要盲目追漲買進，不妨另覓其他潛力股。

圖表5-20　天房發展（600322）的盤面走勢圖

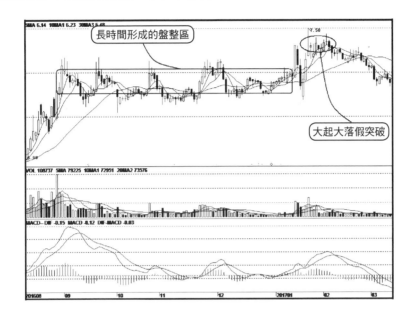

長時間形成的盤整區

大起大落假突破

5-6

【高位漲跌停】怎麼防範漲停、跌停背後的套牢伎倆？

漲停的意圖：誘多進場

股價漲停意味著股價有加速上漲之勢，總是令人興奮。但是，在股價大幅上漲後的高位出現漲停時，未必都是好事。這可能是美麗的多頭陷阱，特別是股價在漲停位置有所反覆，投資者更要小心其中有詐。

見圖表5-21，七喜控股的主力完成建立部位計畫後，出現一波井噴式拉升行情，連續拉出5個一字形漲停，短期股價累計漲幅已超過1倍。這時主力在高位逐步兌現獲利籌碼，股價出現震盪走勢，成交量對倒放大。主力為了引誘更多散戶進場做多，在高位再次收出一根漲停大陽線，並創出本輪行情的新高，股價形態十分漂亮。

不少投資者認為新一輪上漲行情已經開始，而紛紛買進。但是，隨後幾個交易日內，股價出現震盪走勢，在圖形上收出多根帶長上下影線的K線，並且很快脫離階段性頭部，股價進入中期調整。之後，這支股票在不久產生的反彈行情中，形成同樣的走勢，同樣屬於誘多手段。

主力利用高位漲停板，吸引散戶進場接單。這種出貨方式在實戰中經常遇到，主力在高位發力把股價拉到漲停板價位，然後故意在漲停板上堆放不大不小的買單。

這時，有的散戶看到前面股價的上漲勢頭，認為當天股價肯定會封住漲停板，估計次日會開高走高，可以穩賺一筆價差，因此在漲停板價位掛上買單排隊。當盤中堆積許多散戶的買單時，主力逐漸撤掉自己先前的買單，同時掛出同樣數量的買單。這樣盤面上的買單基本上沒有明顯變化，但主力自

己的買單會改掛在後面排隊，而排在前面的買單都變成散戶的。

　　而且，主力非常清楚盤面上的買單有多少是自己的，又有多少是散戶的。這時主力根據散戶買單大小，不斷將獲利籌碼賣給散戶，按照時間優先原則，散戶的買單很快就會成交。

　　如此一來，主力在漲停板位置可以順利出貨不少。當散戶的買單漸漸減少時，主力又封上一筆買單，再次吸引跟風盤追漲，然後又撤單，再次出貨，這樣反覆操作可以達到高價出貨的目的。所以，在高價位區域，如果一檔股票漲停後又多次打開，且成交量較大，十有八九是主力在出貨。因此，散戶千萬不要盲目追漲殺跌，以免上當。明智的做法是仔細觀察盤面，漲停後是否迅速關門，以及成交量大小、換手率高低，再決定操作方向。

　　在股價拉升過程中，主力要投入大量資金。這部分資金需要在高位兌現，才能取得真實的獲利。因此，主力經常採用漲停板的方式持續拉高，這樣既可以穩定盤中的持股者，又能吸引場外的散戶踴躍參與，讓自己獲利再

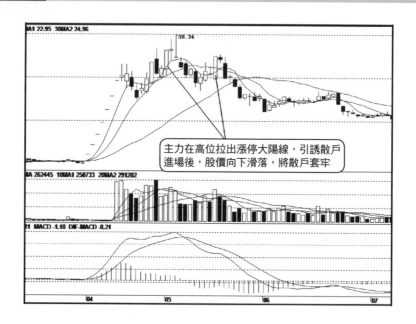

圖表5-22　先河環保（300137）的盤面走勢圖

主力在高位拉出漲停大陽線，引誘散戶
進場後，股價向下滑落，將散戶套牢

撤退。

　　見圖表5-22，先河環保的主力在低位完成建立部位計畫後，借助雄安新區的利多消息，在2017年4月出現一波快速飆升行情，股價連續出現多個一字漲停板，短期主力獲利豐厚。這時，主力悄悄在盤中兌現獲利籌碼，為了掩人耳目和吸引場外散戶的積極追捧，股價繼續維持在高位震盪。

　　經過短期整理後，分別在5月2日和16日的高位繼續拉出2根漲停大陽線，形成新一輪上攻之勢。有的投資者以為第2波上漲行情將要啟動，而紛紛跟風買進，結果股價快速回落，形成頭肩頂形態，散戶被套其中。

　　這樣的大陽線有什麼技術意義？投資者該如何操作？

　　（1）由於短期漲幅過大，拉升過急，多方需要回檔蓄勢，因此容易形成階段性頭部。而且是主升段之後的漲後餘波行情，介入風險大。

　　（2）短期股價遠離均線，造成乖離率偏大。根據葛蘭碧八大法則，股價有回歸均線附近的要求。

（3）RSI、KDJ、DMI、W%R等多頂技術指標出現鈍化或頂背離現象，不支持股價繼續走高。

因此，這是主力拉高出貨的手段。投資者遇到短期暴漲的個股時，不要輕易介入，以免落入主力設置的陷阱中。在判斷上，可以從量度來掌握，通常連續5個以上的漲停板或短期持續漲幅超過60%時，應視為高風險區。無論後市潛力大小，這時股價離階段性頭部已經不遠。對於3個以下的漲停板或漲幅在30%以下的個股，可以用常規方法分析、研判。

從上述實例分析可知，連續大漲或短期暴漲之後，在高位出現的漲停大陽線大多是主力出貨陽線。這時進場的風險非常大，投資者切勿貪心而貿然買進。其實，這裡的風險非常直觀，無需花費太多精力去分析、研究，就能一目了然。當然，如果是超級短線高手，倒是較好的選股對象。因為這時股價震盪幅度較大，如果能夠精確把握買賣點，短線收益不錯。

跌停的意圖：打低引誘

股價跌停是投資者不希望發生的，它反映後市前景黯淡，很難從市場上獲得回報，對投資者發揮警示作用。那麼，主力是如何利用跌停板出貨？

在實戰操作中，有的股票開盤後股價直奔跌停板，或直接從跌停板開盤，且瞬間堆放大單封盤，接著主力用巨量買單打開跌停板。這時，有的人只要看股價即將打開跌停板，就認為是主力在洗盤，生怕買不到低價籌碼而紛紛跟進。

有的股票早上直接從跌停板價位開盤，打掉所有集合競價買單。這時，有的人只要看到股價大幅開低，就會產生抄底的衝動，結果買進後被套。而且，主力在跌停板位置打開又封盤，封盤又打開，反覆進行，反正在這個市場裡總是有人被騙。

見下頁圖表5-23，無錫銀行的主力在低位吸納大量低價籌碼後，成功炒作股價，累計漲幅非常大，獲利十分豐厚。主力在出貨過程中，除了使用其他出貨手法之外，最典型的招術是跌停出貨法。

有趣的是，在2017年4月27日出現跌停，隨後股價連拉4個漲停。如果在

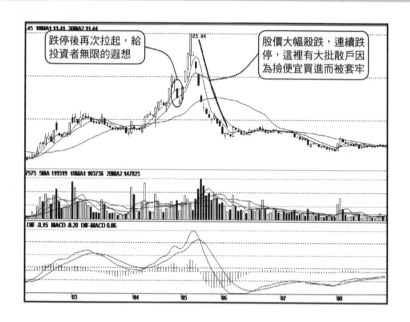

圖表5-23　無錫銀行（600908）的盤面走勢圖

跌停板買進，短線就能輕鬆取得獲利，也就是說，給投資者的感覺是跌停板是較好的買點。

在這種想法的誘導下，主力先將股價拉高之後，採取跌停手法出貨。5月15日，直接在跌停價位開盤之後，用巨量買盤打開賣單，引誘散戶跟風參與。但是當天收盤時，股價繼續封於跌停板，次日繼續下跌，隨後出現連續跌停。

這個期間，有不少喜歡撿便宜的散戶紛紛逢低買進，而主力在跌停板位置，巧妙運用掛單和開板手法暗中拋出籌碼，於是散戶的希望一次次破滅，成為實實在在的套牢族。

見圖表5-24，長城影視的主力利用跌停出貨時，其手法發揮得更加自如。在股價被大幅炒高後回落，股價被打到跌停位置，主力在跌停位置封盤後再打開。這時，散戶見到股價打開跌停而買進。這樣主力順利出脫大量籌碼，最後股價離跌停價位相差一個價位收盤。雖然是一根大陰線，但是股價

| 圖表5-24 | 長城影視（002071）的盤面走勢圖 |

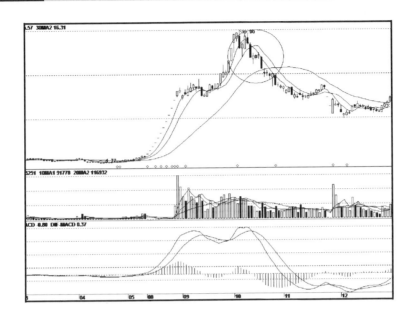

　　沒有封跌停位置，於是給散戶帶來些許幻想。

　　在之後的2個交易日內，股價慣性下探後再次被拉起，基本上收回大陰線的失地，可說是給散戶吃了一顆定心丸，讓持股信心堅定許多。但不久後，主力採用同樣的方法繼續出貨，這時有的散戶受到前面跌停後能再次被拉起的影響，也跟風買進做多，因此主力出貨效果非常好。

　　投資者遇到股價跌停時，要分析股價跌停的性質、所處位置及主力意圖。辨別這種盤面的方法是，如果不是主力出貨，屬於洗盤性質的跌停，那麼股價會立刻拉升，散戶根本不可能買進。如果散戶在跌停板附近從容買進許多，且股價彈升乏力時，絕對可以證明主力以跌停方式出貨。

5-7

【成交量陷阱】看見高位放量，
得留意 2 種欺騙意圖

放量對敲意圖

在長期實戰中，越來越多投資者重視成交量的分析，放量上漲或放量突破已成為不少投資者的操盤經典。但是，如果股價經過大幅炒作後，在高位成交量持續放大，未必是好事，因為這往往是主力運用對敲手法出貨。因此，高位放量更具欺騙性，投資者應謹慎看待。

見圖表5-25，冀東裝備經過大幅炒作後，主力獲利十分豐厚，在高位出現明顯的放量對敲出貨。在2017年5月中上旬這段時間裡，成交量保持很高的水平，每天換手率超過30%，但股價沒有明顯上漲，表明主力在暗中對敲出貨。當主力籌碼基本出貨成功後，股價開始進入中期調整走勢。

見圖表5-26，讀者傳媒見底後大幅回落，2016年10月出現一波反彈行情，成交量巨幅放大，放量拉出3個漲停後，在高位出現放量滯漲走勢，平均換手率超過30%，主力減少部位行為顯露端倪。可見得，主力運用對敲手法將股價維持在高位震盪，在達到減少部位的目的後，股價開始向下走低，市場進入中期調整格局。

由此可知，股價縮量上漲不可靠，對敲放量上漲也不可靠。那麼，怎樣的成交量才是最好的？當分析成交量時，重點不在於成交量的大小，而是量與價的配合。量價配合默契，漲跌符合韻律，才是分析的重點。

圖表5-25　冀東裝備（000856）的盤面走勢圖

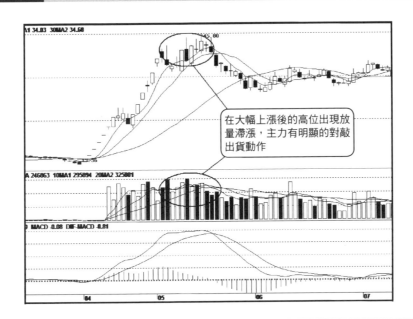

在大幅上漲後的高位出現放量滯漲，主力有明顯的對敲出貨動作

圖表5-26　讀者傳媒（603999）的盤面走勢圖

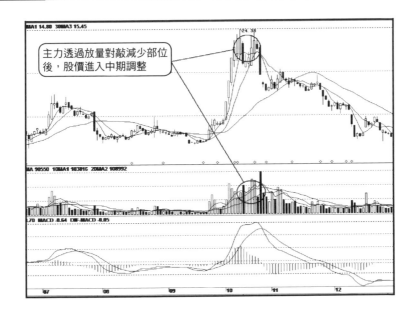

主力透過放量對敲減少部位後，股價進入中期調整

🌀 巨量衝高意圖

在上漲行情的末期，經常出現放量衝高走勢，股價伴隨巨大成交量產生飆升現象，在完成衝高後，股價快速回落，形成中長期的頭部。在衝高過程中，上漲勢頭非常凶猛，行情極為誘人，散戶容易受騙，而主力在股價衝高過程中完成出貨目的。

巨量衝高比對敲放量更加明顯，成交量達到近期天量水平。衝高走勢可分為單日衝高和多日衝高，但無論屬於何種走勢，頭部衝高走勢都要具備以下3個基本條件。

（1）在上漲後的高位出現快速拉高。

（2）拉高過程中伴隨近期大成交量。

（3）衝高結束後股價出現快速回落。

這3個條件必須同時具備，缺少其中一個條件都不屬於頭部衝高走勢，應另當判斷走勢。出現衝高走勢的內在因素是主力最後的宣洩，目的是欺騙散戶跟風進場，順利完成自己的出貨計畫。

見圖表5-27，中科信息是典型的持續多日衝高走勢的例子。經過第1波上漲之後，在2017年8月11日開板整理，然後展開第2波大幅拉高行情。9月4日，出現第2次調整走勢，在高位收出一根十字星，隨後出現最後的拉升動作。在最後的拉高過程中，主力對倒出貨手法表現得非常明顯，經過放量拉高後，股價進入中期調整走勢。

該股符合衝高走勢的3個基本條件，投資者分析這類股票的重點是衝高後的盤面走勢。如果股價快速回落，屬於典型的衝高走勢，這時應果斷出場，後市股價必有一跌。倘若確實依戀該股，可以在回落站穩後重新進場，成功做一把價差。如果股價衝高後能維持在高位，則另當別論，可能是真正的上漲行情，或是一次試盤動作，這點投資者應嚴格掌握。

單日衝高也可以分為2種情形：一種是單日衝高後，第2天股價回落；另一種是單日衝高後，當天股價回落。

見第216頁圖表5-28，天瑞儀器是典型的單日衝高次日回落的例子。股價經過一輪快速上漲後，在高位形成震盪走勢，主力不斷出貨。為了完成最

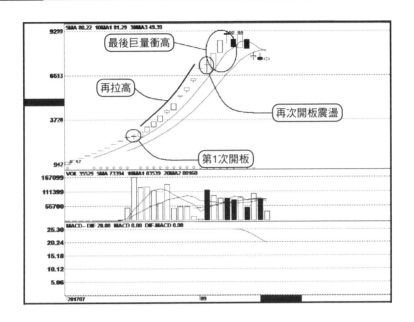

圖表5-27　中科信息（300678）的盤面走勢圖

後的出貨計畫，主力實施一次明顯的欺騙動作，經過一段時間的震盪整理後，股價放量向上突破高位整理區域，收出一根漲停大陽線，形成新一輪上漲之勢。這時，有的散戶以為新的行情已經開始，於是紛紛追漲買進。

從盤面來看的確非常吸引人，上漲理由也很充分，股價上漲有量，突破平台整理，又得到均線的支撐，因此投資者預測有一波上漲行情。但事實恰好相反，這是一次假突破走勢，第2天小幅開高後沒有繼續衝高，股價逐波走低。當天收於跌停板，吞沒前一天的全部大陽線，形成標準的陰包容K線組合形態，在這之後股價跳空走跌，盤面漸行漸弱。

見第217頁圖表5-29，方大炭素是典型的單日衝高當日回落的例子。經過充分調整後，主力進場收集大量低價籌碼，2017年6月23日開始，股價加速上漲，從11元附近啟動，快速拉升到34元上方，短期漲幅十分巨大。

8月4日，股價乘勢而上，開盤後大幅衝高，但是當天風雲突變，急轉直下，股價出現大跳水，當天收盤大跌，形成單日內衝高回落走勢，進而形成

圖表5-28　天瑞儀器（300165）的盤面走勢圖

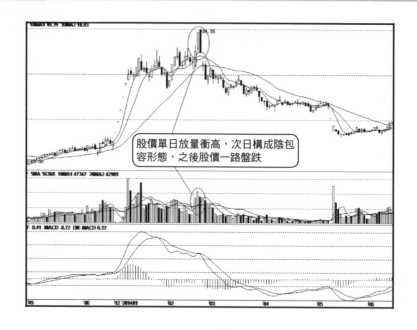

股價單日放量衝高，次日構成陰包容形態，之後股價一路盤跌

一個短期頭部。然後，經過一段時間的調整後，9月12日出現同樣的走勢，之後股價長時間弱勢調整。

從圖中可以看出，該股完全符合衝高走勢的「高位快速拉高、成交量放大、快速回落」3個基本條件。這些條件當中，第3個條件非常重要，會驗證前面2個條件。

具體的認識方法是，判斷是否屬於快速回落。如果是快速回落，必定是衝高走勢，後市一定下跌，在快速回落的當天收盤前退出，可以成功做一回價差。只要這樣操作，財富就不會縮水。如果沒有快速回落，可能是漲升行情，投資者可以逢低跟進。單日衝高走勢有時當天就回落，形成一根帶長上影線的K線，如果第2天股價繼續走低，也符合衝高走勢的條件。

圖表5-29　方大炭素（600516）的盤面走勢圖

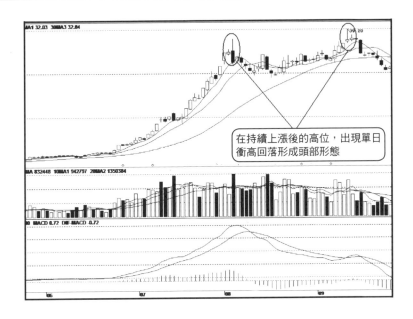

在持續上漲後的高位，出現單日
衝高回落形成頭部形態

5-8

【護盤誘多】是否有主力在護盤？用5個方法來釐清

主力如何護盤？

　　主力炒高股價後，雖然獲得巨大的帳面浮動獲利，但是想要將這些獲利轉化為實際利潤並非易事。由於主力持股較多，一時難以完成出貨，股價下跌就會造成獲利縮水。主力為了減少下跌幅度，維持高位出貨，少不了護盤行為。

　　護盤是指為了制止股價下跌過快、過大，主力在某個價位大單買進或掛單，有時也拉高幾個價位，以穩定軍心。從大方向來說，主力拉升大盤指標股，帶動大盤指數上升，藉此維護市場人氣。從更高層面來說，還有管理層救市護盤，當股市面臨嚴重危機時，管理層為了阻止危機擴散，往往會出手救市，凝聚市場信心，阻止股市崩盤。本節主要以研究和關注個股主力護盤為重點。

　　當大盤下跌時，最能展現個股的強弱，投資者從盤面中觀察有無主力護盤動作，進而判斷主力的企圖。如果個股在大盤調整時，下跌之勢猶如決堤之水，一瀉千里，在重要的支撐位（線）毫無阻力，表示主力已無駐守的信心，後市自然難以樂觀。

　　如果個股與大盤的走勢背道而馳，表示主力在其中扮演重要角色，這類個股值得重點關注。一般來說，護盤的基本方法有以下4種。

　　（1）維持強勢。主力護盤積極的個股，在大盤回檔、大多數個股拉出長黑時，不願隨波逐流，而是保持強勢整理態勢，期間主力也暫時停止出貨計畫，等待大盤轉暖後伺機出貨。

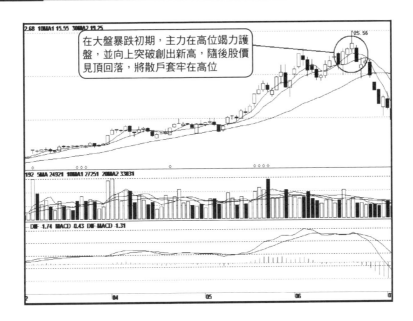

圖表5-30　新萊應材（300260）的盤面走勢圖

在大盤暴跌初期，主力在高位竭力護盤，並向上突破創出新高，隨後股價見頂回落，將散戶套牢在高位

見圖表5-30，股市在2015年6月15日拉開股災序幕，大盤出現快速下跌行情，形成千股跌停悲壯場景。新萊應材初期走勢明顯有別於大盤，股價在高位維持強勢震盪並創出新高，吸引不少散戶參與。其實這是主力的護盤行為，目的是在高位拋出籌碼。當主力拋出大量籌碼後，最終會放棄護盤行為，股價開始大跳水，將散戶套牢在高位。

區分是否為主力護盤行為，不只是看股價拒絕下跌、維持盤面強勢，還要觀察大盤站穩後的走勢。如果大盤站穩後，股價走勢明顯強於大盤，表示前面的強勢是真實可靠的，投資者可大膽持股。相反地，如果大盤站穩後，股價走勢明顯弱於大盤，表示前面的強勢是虛假的，是典型的主力護盤行為，這時投資者應謹慎，一旦走弱就要立即撤退。

（2）尾盤拉抬。這個情況較複雜，應區別分析。一般來說，若股價漲幅已大，當天股價逐波走低，在尾盤卻被大筆買單拉起，就應提高警覺。

這類個股通常是主力在出貨後，為了保持良好的技術形態而刻意操作。

有些個股漲幅不大，盤中出現較大的跌幅，尾盤卻被買單收復失地，也是主力護盤的形式。有的個股當前漲幅不是很大，某天盤中跌幅較大，到了尾盤卻被大量買單抬升，通常代表有主力在護盤。

（3）**順勢回落。**有些主力誤估大盤走勢，在大盤回檔之際逆市拉抬，受到拖累後回落。若收盤時出現帶長上影的K線，但整體升勢沒有被破壞，就屬於主力拉升未遂。主力不一定會放棄這類股票，短期有望捲土重來，投資者可以多加關注。

（4）**大單托盤。**有的個股經過連續下跌，出現經常性護盤動作。在買一、買二、買三位置，大手筆掛出買單，這是絕對的護盤動作，但不意味著後市止跌。因為在市場中，股價依靠護盤是護不住的，最好的防守是進攻，而主力護盤證明它欠缺實力，否則可以推升股價。這時，股價往往還有下跌空間。

主力在哪些地方護盤？

主力在出貨時，免不了護盤，這甚至是不可缺少的手段。因為一路下跌不會吸引買盤介入，特別是主力在籌碼沒有出貨完畢前，要盡可能使股價的走勢更漂亮。主力經常會選擇以下7個位置護盤。

（1）在均線、趨勢線（通道）附近，很多時候成為多空分界線。

（2）在前期高點、低點附近，該位置經常成為多空的最後一道防線。

（3）在跳空缺口附近，缺口大多具有突破意義，技術作用非常大。

（4）在整數價位、整數點位附近，對投資者具有一定的心理作用。

（5）在成交密集區、盤整區附近，堆積巨大的成交量和高換手率。

（6）在重要的時間之窗裡，出現變盤的機率較大，被技術人士關注。

（7）在黃金分割線（位）附近，決定市場強弱的標誌，它的技術意義大。

此外，還可以參考技術指標、形態、浪形、K線等。當股價遇到上述這些重要位置時，通常具有一定的支撐作用和心理預期，被大眾投資者看好。主力在這些位置護盤，可以發揮四兩撥千斤的效果。

圖表5-31 飛利信（300287）的盤面走勢圖

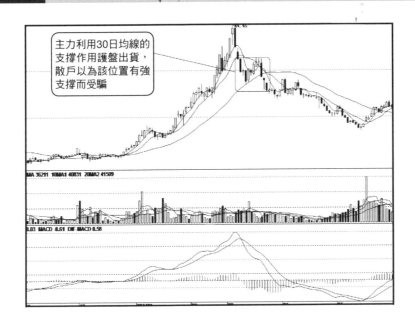

> 主力利用30日均線的
> 支撐作用護盤出貨，
> 散戶以為該位置有強
> 支撐而受騙

見圖表5-31，飛利信是主力在30日均線附近護盤出貨的例子。實力強大的主力入駐其中，在長時間的底部震盪過程中，吸納大量低價籌碼，然後大幅炒作，在16個月的時間內，股價累計漲幅超過8倍。

主力在高位不斷出脫獲利籌碼，需要一定的時間和空間，當股價回落到30日均線附近時，由於主力手中還有不少籌碼等待兌現，於是利用30日均線護盤出貨，股價停止下跌勢頭。30日均線附近是不少投資者認可的重要支撐位，從盤面來看股價，這裡似乎也遇到較強的技術支撐，有望站穩回升，因此不少散戶紛紛在此進場做多。

不過，主力在這個位置大量出貨，經過幾個交易日的盤整後，手中籌碼所剩無幾，隨後股價開始震盪走弱。

見下頁圖表5-32，這是上海鋼聯的主力在前期回檔低點附近護盤出貨的例子。個股被大幅炒高後，主力在高位兌現獲利籌碼，股價出現大幅震盪。股價從高位回落形成一個明顯低點，然後出現衝高走勢，之後當股價回落到

圖表5-32	上海鋼聯（300226）的盤面走勢圖

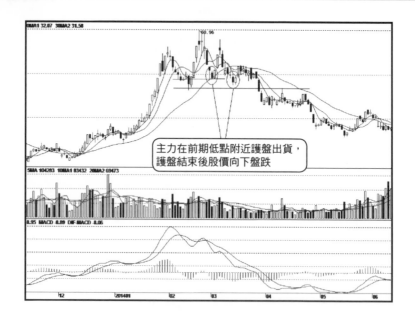

主力在前期低點附近護盤出貨，護盤結束後股價向下盤跌

低點上方時，主力便進行護盤，股價再次被拉起。不久，股價第3次回落到前期低點時，主力再次出手護盤，股價出現站穩走勢。

可見得，有不少散戶選擇在前期低點附近作為買點，因此落入主力設置的技術陷阱。在股價幾起幾落中，主力基本達到出貨目的，於是放棄護盤計畫，股價最終向下突破前期低點支撐。之後，盤面漸漸走弱，前期低點由支撐轉化為壓力，股價2次反彈到該位置附近時遇阻回落。

因此，在實戰操作中，當股價回落到某些技術位置附近時，投資者一定要高度警惕，區分是受到主力護盤影響而暫時阻止股價下跌，還是股價真正遇到技術支撐而站穩回升。在實戰中，區分方法有以下5個。

（1）股價回落到重要技術位置附近時，能夠被快速拉起，可能是真正的技術支撐位。如果股價圍繞技術位置盤整，大多是主力護盤出貨，股價很快就會擊穿支撐位。

（2）股價遇到重要技術支撐而放量上漲，可能是真正的技術支撐位。

如果出現等量或縮量盤整時，大多是主力護盤所為，若是股價放量不漲，則主力護盤出貨更為明顯。

（3）遇到重要技術位置，股價創出新高或突破一個技術壓力位，則技術支撐作用可靠性高，否則應以主力護盤來對待。

（4）股價多次回落到同一個技術位置附近，主力護盤的可能性更大。觸及的次數越多，支撐力道越弱。通常，當股價3次以上回落到同個技術位置附近時，該位置很快就會向下擊穿。

（5）大盤下跌而個股不跌，但當大盤下跌後站穩回升時，個股卻出現下跌走勢，說明前期的抗跌屬於典型的護盤出貨走勢。如果大盤下跌而個股不跌，在大盤站穩回升時，個股出現上漲或大漲，則後市繼續看高。

護盤的 8 個盤面特徵

護盤的目的是為了使股價保持在一個相對的價格區間內，不至於破壞股價的「勢」和「形」，這是主力為了有利於自己出場，在一些重要位置做必要的護盤動作。但是，這種護盤的強度不大、時間不長，股價很快脫離護盤整區。它的主要特徵有以下8個。

（1）在分時走勢中，主力看見大盤下跌或跳水時，刻意將股價向上拉高幾個價位，以安定股民的心。但是，當大盤站穩時卻不動了，甚至出現下跌走勢。

（2）護盤時間不會太長。如果有較大的賣盤出現時，主力很快就會放棄護盤行為。先順勢下跌，然後偷襲拉高。

（3）被套主力在護盤時，大多呈現橫盤或微升走勢，一般不敢貿然拉升護盤，以免再栽跟頭。但是當大盤真正站穩上升時，它卻走下跌路。即使不走下跌路，其漲幅也遠遠小於大盤的升幅，因為主力在借勢出貨。

（4）被套主力的護盤通常成交量不大，因為沒有新資金介入。

（5）主力在盤中的買一、買二、買三、買四、買五幾個價位裡，堆放大單托盤，讓散戶誤以為賣盤輕、接盤大，因此投資者放心持股，持幣者紛紛買進，甚至高幾個價位買進。

（6）當盤中股價下跌後，迅速用小量買單將股價拉起。尤其在大盤下

跌時，死守關鍵位置或價位，或是在尾盤拉升股價，並控制好開盤價格和收盤價格（特別是大量出貨時），例如：均線、頸線位、軌道線、重要成交密集區等。在分時走勢中，當大盤跳水急跌時，個股不但不跌，反而向上拉升幾個價位，誤導散戶以為該股抗跌性強、主力介入深、主力在悄悄吸納等，安定股民的心以吸引買單。

（7）在大部分籌碼沒有出貨完畢前，盡量將股價維持在上升通道、技術形態、波段調整等走勢形態中，謹防股價破壞技術形態等。

（8）成交量方面隨著主力籌碼出貨程度而逐步縮小，往往採取多賣少買的方法護盤。

第 6 章

破解主力
「出貨」的密碼，
在高位兌現籌碼

主力運用尾盤跳水、大單托盤⋯⋯，隱藏出貨蹤跡

$ 高位尾盤的異動

尾盤拉高陷阱

主力為何選擇在尾盤拉高？在股價高位出現尾盤急拉，一般是為了加大出貨空間，但出貨有時間和空間之差的問題。如果主力過早在盤中拉高股價，有可能在拉高後出現賣盤。這樣主力為了將股價維持在一定的高位，還必須在盤中高位接下一定數量的籌碼，甚至還要加碼，對出貨的主力來說得不償失。

特別是在遇到收盤前走壞時，市場賣壓會特別大，主力想要把股價維持在一定的高位，就要大量護盤接籌，沒有雄厚的資金便扛不住，股價有可能出現賣壓而下跌，這樣獲利就會大幅縮水，因此尾盤拉升的目的不言而喻。

在主力採用尾盤偷襲方式拉高，甚至拉升持續至收盤時，可以避免或縮短拉高後股價橫盤的時間，減少拉高股價後為了將股價維持在一定高位，而還要在盤中接籌的操作。

尾盤偷襲方式既能達到拉高股價的目的，還可以節省拉升成本。對於想出貨或是資金實力一般的主力來說，是較好的操盤技巧。在技術圖形上，尾盤拉高後可能出現以下4種情況。

（1）當天小幅震盪後，最後出現尾盤拉高，形成一根漂亮的大陽線或假陽線，確保第2天的出貨空間。

（2）早盤衝高後，一路出貨而股價回落，通常尾盤拉高縮短K線上影線或是收出陽線，保持K線形態的完美，穩定市場人氣。

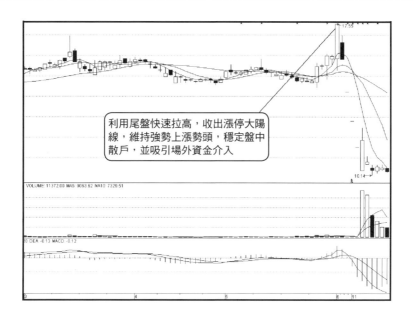

圖表6-1　希努爾（002485）的盤面走勢圖

（3）在股價震盪下跌過程中，主力拉高尾盤，使日K線形成長下影線，顯示下方有支撐作用，吸引場外資金。

（4）透過尾盤快速拉高，形成假突破圖形，構築漂亮的技術形態，給散戶帶來想像空間。

見圖表6-1，希努爾的主力成功完成建立部位計畫後，股價進入牛市長達4年，累計漲幅超過300%。由於大盤環境欠佳，主力炒作手法有所收斂，在高位出現橫向震盪，不斷兌現獲利籌碼。

2018年6月1日，全天股價窄幅震盪，在臨近收盤前5分鐘的時間內，主力用2筆大單將股價拉到漲停價位。主力為何將股價直線拉漲停？原因有以下3個。

一是維護日K線的上升形態完好，使一般散戶從日K線上，看不出主力在減少部位操作。二是尾盤用少量資金，就將股價快速拉到漲停位置，為日

| 圖表6-2 | 希努爾2018年6月1日尾盤拉高走勢圖 |

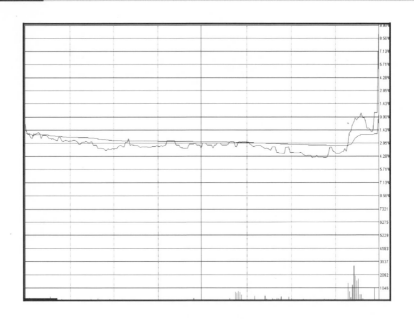

後繼續拉高減少部位出貨，騰出足夠的空間。三是在日K線上出現向上突破前期盤區制約，誤導散戶洗盤結束，股價打開上漲空間的假象。

可是，第2天股價大幅開低5.19%後，主力不斷賣出籌碼，股價逐波下跌，不到半個小時，股價封於跌停價位，從此出現一波大幅跳水行情。

見圖表6-2，這是希努爾在2018年6月1日尾盤拉高的走勢圖。全天股價維持弱勢震盪走勢，主力在震盪過程中不斷出貨獲利籌碼，在臨近收盤5分鐘的時間內，股價快速拉高到漲停價位。

主力這樣做的目的有2個：一是可以減少拉升成本，不會引發散戶出現大量賣盤；二是可以維持強勢的上漲勢頭，以便在高位繼續出貨。

散戶遇到這種盤面走勢時，可以從2個方面分析。一是確定股價的位置和階段，也就是高位還是低位。二是觀察次日的盤面表現，若繼續上漲，可能是真正的拉高行為，後市仍有上漲潛力，可以謹慎看多；若震盪走低，基本上可以確定是主力的誘多行為。

| 圖表6-3 | 中興商業（000715）的盤面走勢圖 |

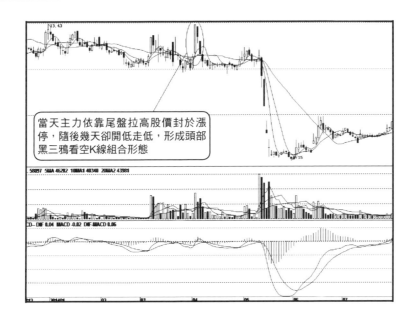

見圖表6-3，中興商業的主力經過近一年的成功炒作後，股價有了2倍多的漲幅，主力不斷在高位減少部位操作，股價在高位形成橫盤震盪走勢。2014年4月2日，股價維持近1天的強勢震盪後，在尾盤20分鐘的時間內迅速漲停，K線圖中產生一根上漲大陽線。這根大陽線產生向上突破的強烈欲望，吸引不少散戶熱情追捧。

不過，股價從次日開始連續下跌收黑，吞沒前面的大陽線，此後股價維持一段時間的橫盤震盪。5月14日開始，股價出現一波大幅跳水行情，在高位買進的散戶全部被套牢。

經常有散戶會問：「主力出貨誰來接？」提出這個問題的人通常經驗不是很豐富，因為從該股走勢就可以回答這個問題。

主力在大盤表現溫和時，先是橫向盤整，有人接盤就給，沒有人接盤就向上拉一把。在散戶目光集中過來時，再橫盤震盪出貨，總會有人買進。最後在臨近收盤時拉漲停，讓那些想買進而猶豫不決的散戶後悔一個晚上，第

2天不得不在高位買進，這時回落風險悄悄降臨。

尾盤跳水陷阱

一般來說，特別是收盤前的最後10分鐘，是多空爭奪的階段，雙方僵持不下。如果採用尾盤殺跌，可以發揮四兩撥千斤的效果，否則在勝負已定的背景下，無論哪方努力都是功虧一簣。

從趨勢的角度分析，戲劇性的尾盤殺跌容易發生在以下4個階段。

（1）漲勢末期，追高乏力之下，空方在尾盤反手摜壓。

（2）形態整理結束，股價尾盤見分曉，做出方向性選擇。

（3）久盤不漲的個股，高位容易在尾盤出現巨量殺跌。

（4）當特殊技術或心理關卡的支撐淪陷時，尾盤將引發強烈的殺跌意願。

在高位出現尾盤跳水，可能有3方面的目的：一是所有當天委託的買單都成交，達到快速出貨；二是為第2天留下開高的機會，擠進漲幅榜前列，吸引散戶目光；三是在出貨後期，主力不計成本售出。

見圖表6-4，石化機械在2017年5月26日當天開盤後，出現衝高走勢，股價在高位維持震盪盤整，主力在盤整過程中大量減少部位，然後在收盤前開始出現回落走勢，尾盤繼續殺低，當天所有散戶的買單都成交，只要有散戶接盤，主力就會賣出。第2天，股價跳空開低走低，出現跌停板，說明主力減少部位意願堅決，之後股價步入中期調整走勢。

尾盤的看盤技巧

在股市中，很多散戶不注重尾盤的分析，認為差半個小時就收盤，股價不會再有什麼變動。其實，每天股市最後半個小時十分重要。投資者可以藉由這半個小時的盤面變化，判斷主力在做什麼，以及將要做什麼，然後根據主力意圖採取操作策略，就能跟上主力的節奏。因此，認真分析個股尾盤拉高或打壓，對研究後市股價走勢具有重要意義。

那麼，散戶該如何分析和應對尾盤拉高和打壓的現象？根據多年實戰經驗，可以考量以下7個方面的因素。

圖表6-4 石化機械(000852)的盤面走勢圖

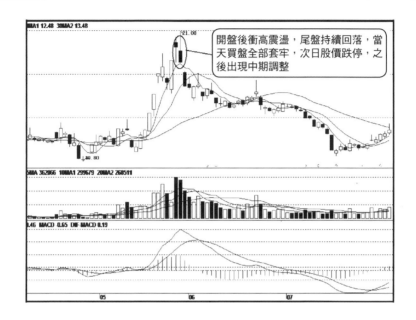

（1）在大盤的不同狀態下。在大盤弱勢時,個股尾盤拉升基本屬於吸貨,或拉高股價尋找出貨機會,次日下跌的機率極大。因此,應對辦法是及時逢高賣出,越拉越賣,千萬不要猶豫,而錯過減少部位的好機會。在大盤強勢時,如果股價處於高位,大多屬於拉高出貨行為,如果股價在低位蓄勢已久,則有借機突破的可能。

（2）在個股的不同位置時。在股價低位出現尾盤急拉現象,一般說明主力掌握的籌碼不足,拉高是為了吸貨。次日甚至之後好幾日,下跌的機率極大。因此應對辦法是逢高賣出,以後加強觀察。

在股價中位出現尾盤的盤拉現象,通常說明處於拉升中繼。如果全天股價都在高處,則次日上漲的機率比較大。如果全天股價處於盤整狀態,而尾盤急拉,表示洗盤即將開始,尾盤拉升是為了加大洗盤空間,同時又不願意深跌,以免廉價籌碼被搶走。因此,應對辦法是既可以出場,也可以觀察待變。

在股價高位出現尾盤急拉現象，一般是主力為了加大出貨空間，使自己的籌碼賣個好價錢，這時逢高及時賣出是明智的選擇。此外，主力高度控盤的個股出現尾盤拉升時，一般可以不理會、不參與，因為主力可以隨意定義股價，既然可以拉升，也完全可以打壓。

（3）在股本不一的個股中。近幾年來，由於受到主力股大跳水的影響，高度控盤的股票越來越少，取而代之的操作手法是：不控盤操作正在被市場廣泛應用。

如何做到既不控盤又能推高股價？一是充分利用大盤氣勢和類股效應，二是多次使用尾盤拉升手法，因為尾盤的時間短、賣壓小，拉升時成交量不大，主力投入的資金有限。第2天，如果大盤沒有太壞，通常股價都能在高位撐住，甚至繼續上漲的機率較大。這時的應對辦法是，**只要股價不在高位，表明處於拉升中途，仍可繼續持股。**

（4）在不同的拉高手法中。在一天的盤面角逐沒有結束之前，多空雙方的博弈依然激烈，尾盤的走勢能反映出多空強弱的一方。所以最後半個小時內的走勢是重要的盤面語言，對第2天的走勢發揮重要作用。但盤面走勢千差萬別，投資者不可能全部掌握，因此要關注以下3種特殊的尾盤走勢。

第一，**直線式拉升。**前幾天和當天的走勢都很平淡，尾盤最後幾分鐘突然拉升，中途不出現震盪回檔，基本是一條直線上漲。成交量快速放大，不給任何人追進的機會。如果全天的成交量因為尾盤的放大而明顯放大，顯示主力資金無法出逃，必須採取拉高再想辦法出貨的方式。後市主力還是會以出貨為主，不太看好走勢。

第二，**震盪式拉升。**在最後半個小時內開始出現放量震盪拉升，不是平滑的直線式上漲，全天成交量明顯比先前放大，K線上看起來是量增價漲的態勢，但實際上是主力力量不強的表現，這種尾盤的震盪拉高是一種對敲。這種拉升方式的主要目的是吸引跟風者進場，以降低拉升成本，為以後的出貨加大空間。這種走勢出現後，股價往往還能走高，但持續時間不長。

第三，**前期個股十分活躍，成交量始終維持較高水平。**但是，股價無法拉高，當日尾盤突然放量拉升，放大的程度很大，甚至一直快速拉到漲停。雖然成交量中有對敲造勢的成分，但也說明跟風盤很踴躍。拉升中以最大程度吸引人們的目光，而第2天開始股價沒有開高走高，反而突然疲軟。這是

主力利用散戶慣性思維來操盤。不少散戶認為，股價漲停後應有繼續拉高的動力，否則要賣出，因此主力打壓洗盤，為後市拉高掃平障礙。

不過也有其他情況，現在主力手段不斷翻新，還有很多投資者看不到也看不懂的手段，這需要從實戰中不斷總結經驗。尾盤突然拉高的過程，始終不是進場的好機會，不管後市能否拉升，尾盤進場的成本始終太高。

（5）**在不同的個股盤面中**。理性的投資者應仔細分析盤中的每筆交易，才能下結論，若沒有觀察盤中交易的過程，很難對這個現象得出正確結論。下面根據盤中的交易，分析4種常見情況。

第1種情況，該股全天的成交非常平淡，很少出現大單，因此結論是主力護盤。在分析盤中交易後，再做出這個相同的結論，就是理性的投資者。

第2種情況，在盤中有主動性賣單向下打壓股價，一旦下方出現稍大的買單，就立刻有主動性的賣單出來使其快速成交，股價走勢明顯弱於大盤。

第3種情況，盤中曾出現一些較大的成交量，但都是在一個特定的較低價位附近出現，而且比平常的單還大。比方說，一般的買賣單都是幾十張，但這些較大的單都是100張以上。這表示有大單在盤中交換，其價格是有默契的，因此成交之後主力會將價格拉回原來的位置。這種現象的背後，可能是主力將一部分籌碼在一定的價格附近，透過市場轉讓給其他投資者，或者是其他要退出者將某張大單還給主力。

第4種情況，主力在出貨，盤中不斷有主動性打壓盤出來。與第2種情況一樣，但結論與主力護盤完全不同，而是主力出貨，拉抬收盤價的目的是為了第2天能更好出貨。現在的關鍵是如何與第2種情況區別，才是真正的智力較量。判斷的要點是出貨狠不狠，還可以估計做收盤價所用的量與盤中出貨量的比例。如果做收盤價的量不到出貨量的2成，則是出貨者為了第2天更好出貨，而反之可以確認是主力護盤，因為主力絕不會再花大筆資金去做收盤價。

（6）**尾盤的看盤心得**。可以描出收盤前出現的盤中最高價和最低價，並取中間值作為參照價。如果這時股價在中間值和最高點之間運行，尾盤震盪走強或突破新高的機率較大。如果這時股價在中間值和最低點之間運行，尾盤通常震盪走軟而收低。如果股價已突破新高，尾盤勢必還有一番拉抬，使股價再度走高。相反地，如果股價這時跌破盤中最低點，收盤前賣方壓力

不可小覷，股價會疲弱難支，通常以最低價收盤。

在尾盤殺跌的末期，特別是最後5分鐘，可以觀察各項指標，以便判斷次日的技術走勢，做出是否持股的決定。做判斷最重要的訣竅是，先定義K線的不同階段，因為漲勢、跌勢或盤整中的尾盤，其次日開盤大不相同，趨勢以10日均線的上漲或下跌為標準。

（7）其他因素。一是尾盤拉高的股票通常表示主力實力弱小、資金有限，尤其是大盤震盪時，透過尾盤急速拉高做高股價，能夠節省做盤成本。二是注意將個股價格和技術形態結合判斷、分析。如果一檔股票構築緩慢的上升通道，並走進最後的5浪加速期，這時的急速拉高屬於本身趨勢形態上漲加速。在股價快速起飛的初期，可以適度跟漲，反之則應觀望。

三是高位橫盤的個股經常出現尾盤急速拉高時，應提高警覺，特別是在每天的交易時間內保持震盪下跌，而在收盤時有大買盤主動推高股價，而且這樣的股票累積漲幅已經不小，應思考是不是主力在騙線做圖，掩蓋自身的出貨痕跡。

四是區分有量急拉和無量上漲的不同。前者屬於主力對敲做盤，從買賣檔可以看到很多大單、整數單大舉買進。這樣的情況十有八九屬於主力故意炫耀實力給散戶看，引誘跟風盤，而後者是突發消息刺激，場外資金急切搶進，股價不用放量就能輕鬆上漲甚至漲停。這通常說明2個含義：一是主力惜售；二是籌碼高度集中。這種情況下的無量拉高，特別是無量封住漲停，後市絕對可以看好。

從盤面變化尋覓蹤跡

大單托盤的玄機

在主力的出貨階段，經常會在盤面出現大單托盤現象。有的投資者不太理解，既然主力要出貨，為何又在買檔位置堆放大單托盤？主力這麼做的目的有2個：一是穩定場內散戶的持股信心；二是吸引場外散戶的買進意願。

當股價上漲到一定幅度的高位後，在盤面出現委買量大幅超過委賣量的大單托盤現象，顯示買盤十分強大，股價一時難以下跌，形成股價可以輕鬆上漲的假象。大單托盤的意圖，是在高位給場內散戶足夠的信心，發揮穩定

軍心的作用，同時刺激場外觀望者的進場欲望，誘使更多散戶爭相買進。

在實戰中，確實有很多散戶認為，買進位置出現明顯的大單是主力積極做多的表現，因此堅定持股或加碼買進，結果被套牢在高位。

那麼，主力如何出貨？主力會運用一些盤面技巧實現出貨手段。

（1）在大單托盤價位上方對倒交易（主力出貨離不開對倒手法），維持繁榮的盤面氣氛，這時或多或少會有一部人被吸引過去。

（2）巧用托盤方法，主力一般不會在買一位置托盤，而是在稍後的買檔上掛單，讓場內外的散戶在前面的價位上買賣，主力暗中出貨。

（3）托單手法變幻無窮，主力的托盤單掛了又撤、撤了又掛，比如撤了前面的100張，同時再掛單100張，從電腦上看不出來托盤數量的變化。這時的掛單意義已發生重大變化，也就是說，100張掛單已經在散戶的後面排隊，根據時間優先原則，成交的是前面散戶的單子，而不是後面主力的大單，所以主力不會在高位接手高價籌碼。

在一些個股累計漲幅較大的情況下，盤中的大單托盤會出現另一種異常情況。在開盤之後，股價震盪下跌，當下跌到一定幅度時，在買檔位置出現大筆買單，好像有主力在吸納，股價無法繼續下跌，但股價在這個位置反彈時明顯無量。從成交明細來看，盤中主動賣盤（內盤成交）較多。而且，在股價重新下跌時，賣盤踴躍。

雖然在某個價位有強大的買盤托著，但股價整體呈現下跌趨勢，這是主力常用的出貨手段。原因很明顯，如果是主力護盤，就不該只是象徵性地掛單托盤，而是真實地買單，一方面是托盤非常強大，另一方面是股價回升無量，這本身是矛盾的。因此，投資者在盤中見到這種情況一定要小心，應先選擇出場。

當然，大單托盤除了上述主力手段之外，同時也發揮控制股價下跌的作用。如果股價出現快速下跌走勢，對主力出貨不利。最好是在平穩的環境出貨，因此大單托盤具有調節股價的功能。散戶只要認真分析盤面細節，就能識破主力的大單托盤手段。

大單買進的玄機

在實戰中，經常出現大單買進的假象，它是指在某個時段裡，盤面出現較大的買進成交單，但股價不見得出現上漲，有時甚至是下跌走勢，形成量價失衡現象，而主力在暗中實現出貨。

一般來說，如果盤中出現持續性大單買進，通常表示買盤非常積極，投資者紛紛看好後市，預示股價上漲潛力較大，是普遍看好的訊號。不過，大單買進真實反映股價的內在因素，這恰恰是主力運用大單買進實施高位出貨的手段。

當股價處在上漲後的高位，主力也急切希望兌現獲利籌碼，但如果不顧盤面狀態，一味出貨，勢必造成股價快速大幅下跌。這樣對主力後期出貨十分不利，所以運用大單買進，製造虛假的成交盤面，以穩定散戶的做多信心，同時吸引散戶進場，而主力在暗中不斷出貨。

那麼，大單買進是不是主力真的在買進籌碼？主力又是如何出貨？

盤中大單買進不是主力的本意，主力也不會隨意接下高位籌碼，只是在關鍵時刻吃進少量的賣單，整體是多賣少買。

這裡有很多技巧和方法，以下詳細介紹。

（1）與大單托盤相結合，在較遠的買四、買五位置掛進大單，然後在買一、賣一價位放量，形成股價立即要上漲的假象，散戶看到下面有大單委託，心裡產生安全感。股價一時不會下跌，而且在大單委託後面排隊不一定成交，因此散戶會在買一、賣一價位選擇委託或即時成交，這樣主力就能暗中不斷出貨。

（2）主力利用幾筆對倒單，迅速拉高幾個價位，形成井噴跡象，這時有的散戶會迅速追高買進，主力就可以出貨不少籌碼。

（3）利用快速掛單撤單手法出貨，主力在盤中撤掉前面的買單後，迅速掛出相同的買單，欺騙散戶跟單。

投資者在實戰操作時，看到在高位連續的大單買進後，股價不漲或小漲時應警惕。一旦發現主力出貨，就要果斷退出。

識別盤面的 7 個方法

在股價上漲後的高位，盤面總是顯得十分熱鬧，但盤面背後隱藏著巨大的主力陷阱。大單托盤和大單買進，恰恰是主力實施陰謀的基本手段。投資者透過盤面現象，觀察主力的蛛絲馬跡，進而揭穿主力意圖，準確把握買賣時機。

（1）在高位出現大單托盤時，股價不但沒有上漲，反而向下滑落，是假托盤。如果大單托盤時，股價漸漸向上攀高，每上一個價位後，大單托盤隨之向上抬高，表明主力依然頑強上攻，升勢可能仍在延續之中。這時應密切留意盤面變化，一旦大單托盤撤掉時，應立即出場。

（2）在大單托盤出現時，伴隨著大單賣出，顯示主力在其中活動。若股價重心漸漸下移，疑似主力暗中出貨，為假托盤，散戶應及時出場；若股價沒有出現明顯的下移走勢，而是微微上移，謹防主力誘多出貨。

在大單托盤出現時，伴隨著大單買進，這是主力行為。若股價沒有上漲，則為假托盤和假大單買進；若股價上漲，說明仍有一波漲後餘波行情。這時可以謹慎持股，在盤面出現反常現象時果斷退出。

在大單壓盤出現時，如果買賣單都不大，代表是散戶行為，主力則在觀望。無論是股價上漲還是下跌，都要注意後市動向，一旦苗頭不對，就應立即撤退。

（3）大單托盤出現在較遠的買四、買五位置時，是掛出給散戶看的誘多動作，主力不希望這筆托單真正成交。如果大單托盤出現在較近的買一位置，可能是一筆真托盤，股價暫時遇到護盤力量。但整體來說，護盤是被動的，投資者應小心瞬間出現變盤。

（4）在高位出現大單買進時，股價不但沒有上漲，反而出現下跌走勢，為假買單，屬於典型的誘多行為。相反地，在大單買進時，股價也隨之上漲，為真買單的可能性較大，有機會出現一波衝高行情，投資者可以謹慎持股，靜觀其變。

（5）在大單買進時，上方有大單壓盤，大多是主力行為，利用上下夾板出貨的可能性較大。如果股價重心下移，大單不斷下移壓盤價位，則是假買單。如果股價重心上移，大單不斷上移壓盤價位，則是真買單，但應提防主力誘多。

（6）上方壓盤不大，但出現大單買進，大多是主力誘多行為。若股價出現下跌，則是假買單。若股價出現上漲，則是誘多式出貨行為，短期來說是真買單，中長期則是假買單。

（7）在高位出現大單買進時，導致股價快速上漲，上漲後股價能維持在高位，沒有快速回落到原先的價位附近，這大多是實力強大的主力再次拉高的行為。如果股價被1、2筆買進大單快速上衝後，股價很快回落到原地踏步或出現下跌勢頭，表示大單買進是典型的誘多行為。如果在盤中經常出現這種走勢，主力出貨的意圖更加明顯。

散戶如何判斷股價是否見頂，瞄準高位最佳賣點？

招數 1：判斷股價見頂的方法

當一個頭部出現時，技術分析方法可以給出明確的頭部訊號或賣點訊號。如果投資者掌握技術分析方法，就可以在圖形上提前發現頭部。以下介紹6個方法。

（1）**形態法**：當K線圖在高位出現雙重頂、頭肩頂、圓弧頂和倒V型等技術形態時，是非常明顯的頭部形態。

（2）**趨勢法**：一條支撐股價不斷向上走高的上升趨勢線被有效擊穿，或形成新的下降趨勢線，說明股價上漲趨勢被逆轉。

（3）**波浪法**：股價已運行5個推動浪後，盤面出現滯漲時，預示股價即將見頂。在5浪的高點即使是繼續上漲，也可能是最後的衝刺動作，謹防股價反轉。

（4）**K線法**：在K線圖上出現見頂形態，例如在高位日K線出現穿頭破腳、烏雲蓋頂、高位垂死十字等K線形態，都是股價見頂的訊號。

（5）**均線法**：當股價漲幅已大時，例如5日均線從上向下穿過10日均線，形成死亡交叉時，表示頭部已經形成。

（6）**指標法**：週KDJ指標在80以上，形成死亡交叉，通常是見中期頭部和大頭部的訊號。5週、10週RSI指標若運行到80以上，預示著股價進入極度買超狀態，頭部即將出現。寶塔線經過數浪上漲，在高位兩平頭、三平頭或四平頭翻綠時，是見頂訊號。MACD指標在高位形成死亡交叉或M頭時，紅色柱狀不能繼續放大，並逐漸縮短，這時頭部已經形成。

　　股價隨著布林線上升較長的時間，然後向上穿越BOLB1又向下穿越BOLB1，隨後再下穿BOLB2。DMI指標的ADX與ADXR在高位死叉，+DI與-DI死亡交叉，顯示資金逐步撤離市場。這些技術指標都是檢驗頭部訊號的重要依據，投資者應好好掌握。

　　投資者在逃頂時要堅決果斷，一旦發現訊號，要堅決賣出，不能手軟或抱有幻想。即使賣錯也沒有關係，因為買進的機會非常多，而賣出的機會往往只有一次。而且，股價運行在頭部的時間通常非常短，大幅少於在底部的時間，一旦逃頂稍有猶豫，很可能被長期套牢。

🔄 招數2：抓準高位最佳賣點

從大盤尋找最佳賣點

　　股諺云：「會買的是徒弟，會賣的才是師傅。」這句諺語揭示賣股的學問和難度。那麼，股票應該在什麼時候脫手才是最好的？以下告訴你答案。

　　（1）股價從高位下來後出現反彈，如果連續3天未收復5日均線，穩妥的做法是先出來觀望。或者，股價反彈未達前期最高點或成交無量達到前期高點時，不宜留著該檔股票。

　　（2）股價向下突破20日、30日均線，一般尚有8%～15%的跌幅，可以先退出觀望較妥。

　　（3）日K線圖上突然出現大陰線並跌破重要平台時，不管第2天是否有反彈，都應該出掉手中的貨。或者，股價上升較大後，日K線出現十字星或倒錘頭線時，是賣出股票的關鍵。

　　高位十字星反映買方與賣方力量相當，股價上漲出現紅燈警示，是潛在的轉勢訊號。高位倒錘頭線反映當日出售者較多，若當日成交量很大，更是見頂訊號。許多個股出現高位十字星或倒錘頭線時，形成大頭部的機率極大，應果斷賣出。

　　（4）新股開板後，盡量在打開第一時間賣出，獲利較理想。

　　（5）在重大節日前一週左右開始，調整手中籌碼，甚至清空股票，靜待觀望。

（6）如果遇到重大利多，當天不準備賣掉，第2天開高賣出或許能取得較多獲利。或者，股價大幅上揚後，公布市場早已預期的利多消息時，就是賣出的關鍵。

（7）市場大底形成後，個股通常會有30%～35%的漲幅。請記住，不要貪心，見好就收。

（8）同類股票中，如果有影響的股票領先大跌，其他股票很難獨善其身。手中有類似股票時，先脫手再說。

（9）大盤持續下跌中，手中持有的股票不跌或微跌時，一定要打起精神。不要太過僥倖，最好先賣出，個股總有補跌趕底的時候。

（10）股價大幅上揚之後，持股者普遍獲利，在上揚過程中，一旦出現賣單很大，特別是主動性賣盤很大時，就是反映主力在拋售，是賣出的強烈訊號。儘管這時買進的投資者仍多、買盤踴躍，都很容易迷惑看盤水平不高的投資者。

（11）股價大幅上升之後，成交量大幅放大，創出近期的最大量，是主力出貨的有力訊號，也是持股者賣出的關鍵。沒有主力拉抬的股票難以上揚，僅靠中小散戶很難推高股價。上揚末期成交量創下天量，是形成大頭部區域的訊號。

（12）在高位除權日前後是賣股的關鍵時機。上市公司實施配送方案，股價大幅上揚後，在除權日的前後，往往會形成衝高出貨的行情。一旦連續出現大賣單，反映主力出貨，不宜長久持有該股，應果斷賣出。

在分時圖尋找最佳賣點

（1）分時走勢的波段高點：股價在盤面上出現拉升之後，大幅激發市場人氣，形成極強的攻擊態勢。這往往不是一波上升就能結束，而是存在一個階段性上升。那麼，盤面上這樣的階段性上升，有什麼跡象和特徵？

透過長時間的觀察，我發現分時盤面一旦進入攻擊態勢時的階段性上升，現價線（白色線）經常會呈現高低點交替創新高的走勢，也就是在拉升過程中，難免會出現回檔，但回檔應不跌破均價線，然後再次向上。

假如在某次回檔之後，即使股價再創新高，但沒有持續上漲，而是很快回落擊穿前一次回檔低點（類似盤面的雙頭形態，右邊比左邊略高），通常

圖表6-5　面臨回落調整的雙頭形態

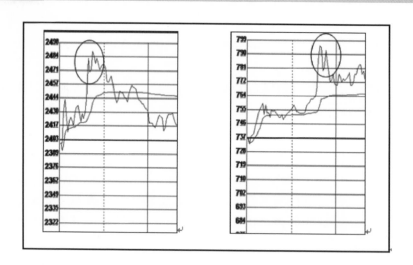

是階段性上升的終點，為短線賣出點。或者，在某次回檔之後，股價沒有再創新高，而是形成略低於前高點的次高點（左邊比右邊略高），通常是階段性上升的終點，後面即使再有上升，大多還需要大盤的配合，或是經過長時間整理後才能上漲，而這也是一個賣出點。

　　見圖表6-5，左右2幅圖都是雙頭形態，左圖圓圈內是左低右高，但股價沒有持續上漲，回落後擊穿前一次的回檔低點。右圖圓圈內是左高右低，代表衝擊前期高點乏力，明顯欠缺氣勢，多為波段上漲結束。可見得，股價都面臨回落調整，是短線較理想的賣點。

　　在量能的變化上，也有明顯的參考作用。如果回檔之後再次上升，在衝擊前一波高點時，成交量明顯放大，才能形成有效的突破。假如在成交量上相差較遠，即使創新高也很難維持。因此，根據成交量在盤面的細微變化，預測是否形成上面提到的略低前高點的次高點之雙頭形態。

　　見圖表6-6，左圖是左高右低的雙頭形態，如果發現盤面創新高點，而成交量沒有之前大，且明顯減少，與價格呈現背離情況，多為波段上升結束訊號。右圖是持續拉升的個股走勢，價格的上升和成交量呈現相同方向，也

圖表6-6	分析不同情況的個股走勢

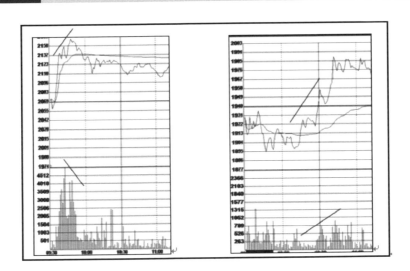

就是價升量增，表示量價配合理想。

（2）**掛單技巧**：散戶想在拉升過程中賣出時，應掌握即時盤中的掛單技巧。由於盤面瞬間變化太快，在分時盤面掛單搶時間十分重要。根據時間優先原則，要盡量提前掛好單，以待出現訊號時在第一時間成交。一旦掛單時間比別人慢，成交的機率就低，而且需要重新掛單，如此一來可能距離最高點相差好幾個價位。

那麼，在拉升過程中的掛單有哪些操作技巧？

首先，**要分析手中的賣出數量，是否比買一位置出現的委買數量大很多**。通常，多數人的賣出數量會小於買一位置上掛單的委買數量，所以如果賣量過大，要考慮即時盤中的承接力。

一般以2倍為分界線，假如買一位置是1000張，你要賣出的張數為500張以內。這個問題不大，因為在拉升過程中，很多人選擇即時成交而非掛單成交。因此，真實的買進數量大於買一位置上顯示的數量，而且即使不能完全賣到買一位置，隨後也容易在該價位得到消化，不用考慮多少量的問題。如果賣量實在太大，就要考慮掛多少量和掛什麼價位。

　　第二，**掛什麼價格**。為了搶盤面委託的時間，要在盤面上提前掛單，如果賣量較小，無須考慮賣量，而且賣出價格不需要總是換成最新的市場價格。例如在10.00元掛單賣出，而現價已經漲到10.20元，就沒必要把10.00元改成10.20元。因為這時只要掛單價格低於委託買一價格，掛什麼價格都不重要，最終會以買一價格成交。所以，為了節省時間，這個掛價可以比現價低很多，不需要修改價格。

　　第三，**如果賣量較大，要適時修改賣出的價格**。畢竟要考慮盤面的承受力，要不斷下移掛單價格，可以移到買一價格的下面3個價格左右。賣量特別大時，也要考慮分筆賣出，而不是一次脫手，這樣手中的股票就能賣到好價錢。

NOTE

/ / /

後記
股市常勝軍的防身致勝術，
幫助你順利跟莊暴賺

　　如果股市基本體制的根基不變，它的運行方式就不會有根本性的改變，還是會出現暴漲暴跌的行情，甚至存在假象。散戶依然處在大部分時間沒有獲利機會的市場環境，這是股市恒久不變的規律。

　　在當前股市中，主力詭計多端，手段層出不窮，為了達到目的，使用詭異的手段陷害散戶，讓散戶跳進技術陷阱中。但是，主力陰謀並非無懈可擊，再高明的陷阱也會在圖表上留下破綻。只要循著主力的蛛絲馬跡，就會發現主力的用意所在，最終在市場上取勝。

　　然而，股市千變萬化，主力狡猾奸詐、手法險惡，很難事先預防。主力意圖很難事先被掌握，唯有在市場運行過程中，才能逐漸被發覺和認識。而且，散戶很難理解主力，只能憑著想像，主力行為也很難被散戶掌握，必須透過盤面來分析和判斷，至於得出的結果是否正確，完全在於個人的悟性。

　　面對各式各樣的主力意圖，關鍵是遇到同樣的主力意圖時，不要情不自禁地再次往裡鑽，而是學會如何避開陷阱，並以其人之道還治其人之身，這才是學習本書要達到的效果。

　　如果你在實戰中，活用本書提供的主力意圖識別方法和操盤技巧，並且不斷累積經驗、探索規律、感悟股性，逐步形成一套可以識破主力、追蹤主力、克服主力，並適合自己的技法，就能在瞬息萬變的股市中立於不敗之地。我相信，不少讀者將來就是從股市中竄出來的大黑馬。

　　身為本書作者，深知要感謝太多給予幫助的人，有太多人可以分享出版本書的榮譽。沒有廣大讀者的認可，就沒有本書的生存市場，更不會使這些技術得以推廣，所以首先要感謝的是你們的支持。

　　我還要感謝中國經濟出版社的大力支持，更要感謝本書的策畫人及責任編輯葉親忠先生，他對本書提出許多真知灼見的專業修改意見，並親自動手

斧正，他的幕後支持讓我深為感激。在此書付梓之際，致上最衷心的謝意。

在寫書的過程中，得到不少專家和學者的精心指導，使本書有個恰當的定位，能夠滿足投資者的願望，也更加貼近實際盤面。書中內容雖然表達作者的個人觀點和見解，但也融合其他人的研究成果、實戰經驗。這些材料在理論和實踐中，都具有很高的創造性，十分珍貴。因此，我要在這裡對這些專業人士致上最衷心的感謝，感謝他們慷慨分享專業知識。

願本書能夠為廣大讀者帶來一點啟示，創造一份財富。

NOTE

/ / /

NOTE